Inhaltsverzeichnis

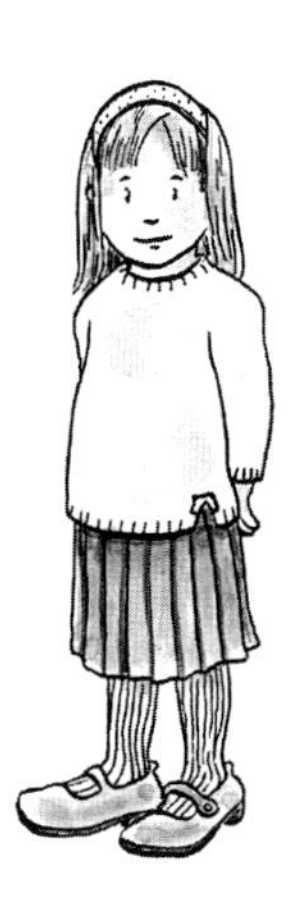

Vorwort

Liebe Kolleg*innen in Kitas, Kindergärten, Heimen, Spiel- und Fördergruppen, liebe Eltern, liebe Weltenbummler*innen und Abenteuerreisende,

auf unserer Weltkugel leben fast acht Milliarden Menschen, die zusammen genommen bis zu 6 500 unterschiedliche Sprachen sprechen. Unvorstellbar!
Wir müssen jedoch gar nicht so weit „reisen“, um andere Sprachen und Kulturen zu hören und zu sehen. Im Alltagsleben begegnen viele Kinder für sie fremd klingenden Vornamen oder ihnen unbekannten Ländernamen. Meist leben auch im näheren Umfeld (Wohnort, Kita, Spielgruppe) Kinder mit Migrationshintergrund; viele Städte sind multikulturell geprägt. Das „fremde“ Aussehen und die vielleicht „ungewohnten“ Verhaltensweisen ausländischer Mitbürger*innen wecken bei Kindern Neugier und Interesse: Wer sind diese Leute, wie mögen sie heißen? Wo kommen sie her? Und wie lebt man in anderen Ländern dieser Erde?

Kinder haben meist keine Hemmungen, auf ausländische Spielgefährten zuzugehen. Sie möchten Unbekanntes kennenlernen, Neues dazulernen und ihren Erfahrungsschatz erweitern. Diesem Bedürfnis kommt die vorliegende Projektmappe nach, indem sie – quer durch alle Bildungsbereiche – die sozialen, persönlichen und methodischen Kompetenzen berücksichtigt: Fantasie, Kreativität, Selbstwertgefühl, Ausdauer und Hilfsbereitschaft der Kinder werden gefordert und gefördert, Werte und Kommunikationsfähigkeit spielerisch vermittelt.

Darüber hinaus gibt es jede Menge Spaß, zum Beispiel beim Ausprobieren anderer Sprachen, beim fetzigen Instrumente-Rap, beim Erde-Quartett oder beim Theaterspielen. Und so ganz „nebenbei“ lernen die Kinder unsere Welt kennen und lieben: interessante Sehenswürdigkeiten, wilde Tiere, landestypische Gerichte, Spiele aus aller Herren Länder und vieles mehr.

Doch es ist nicht alles Gold, was bananengelb glänzt. Daher erzählt auch eine Geschichte von Pedro, einem armen Bauernjungen, der auf einer Bananenplantage hart arbeiten muss. Die Kinder lernen seine Sorgen kennen und verstehen ...

Es gibt also wieder einmal viel zu erfahren und zu entdecken!

In diesem Sinne wünsche ich Ihnen und den Kindern eine erlebnisreiche Reise durch das Thema!

Mit abenteuerlustigen Grüßen

Maggie Jung

Rückmeldung:
Gern lese ich Ihre Meinung
zu der Projektmappe
„Reise um die Welt“:
www.maggie-jung.de

Hinweis:
Aus Gründen der besseren Lesbarkeit wird im Folgenden auf eine sprachliche Differenzierung der Geschlechterbezeichnungen verzichtet. Da die Erzieher*innen in Kindertagesstätten zumeist weiblich sind, haben wir uns hier für die weibliche Form entschieden. Selbstverständlich sind stets alle Geschlechter angesprochen.

Vorbemerkungen und Arbeitshinweise

Zu den verwendeten Symbolen

Bildungsbereiche (jeweils das äußerste Symbol oben rechts auf den Arbeitsblättern):

 Sprachliche Bildung

 Musikalische Bildung

 Ästhetische Erziehung

 Umwelt-, Sach- und Naturbegegnung

 Gesundheit und Ernährung

 Mathematische Bildung

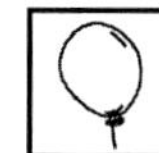 Feste und Feiern

 Wahrnehmung und Entspannung

 Körpererfahrung und Bewegung

 Sozialerfahrungen

Sonstige Symbole:

 geeignet für die Begabtenförderung

 für unter 3-Jährige geeignet

Layout:

- Die Seiten mit der **Erdkugel** im Layout unten rechts sind für die Erzieherin gedacht.

- Die Seiten mit dem **Flugzeug** unten rechts sind Arbeitsblätter, die direkt mit den Kindern bearbeitet werden können.

Die Instrumental-Version des Liedes "Wer möchte gern mit mir reisen?" (S. 20) erhalten Sie als MP3-Datei zum Download in unserem Webshop (*www.buchverlagkempen.de* –> Suche –> KI16 **Passwort:** 2Ru2d5W!).

Allgemeine Modellziele (Richtziele) des Projektes „Reise um die Welt“:

Die Kinder ...

- erleben verschiedene Sprachen,
- lernen die Kontinente kennen,
- erfahren die Ländervielfalt unserer Erde, im Besonderen erleben sie: die USA, Brasilien, England, Irland, Polen, Indien, Japan und Australien,
- lernen unterschiedliche Flaggen kennen,
- lernen die Lebensräume von Menschen anderer Länder kennen,
- erfahren fremde Kulturen und Traditionen,
- lernen neue Spiele und Sehenswürdigkeiten der Welt kennen,
- lernen Tiere unserer Erde und deren Lebensräume kennen,
- erfahren Missstände unserer Welt,
- und vieles mehr!

Die Bildungsbereiche und die angestrebten Modell- und Feinziele (auf die konkreten Angebote bezogen) gehen immer einher mit der Förderung von ...

- sozialer Kompetenz: Kommunikationsfähigkeit, Wertehaltung, Hilfsbereitschaft, Kooperationsbereitschaft, Verantwortungsübernahme
- personaler Kompetenz: Selbstwertgefühl, Selbstständigkeit, Problemlösefähigkeit, Motivation und Ausdauer, Emotionalität
- methodischer Kompetenz: Erkennen von Sinnzusammenhängen, Differenzierung von Wahrnehmungserfahrungen, Anwenden von Wissen, Fantasie und Kreativität

Vorbemerkungen und Arbeitshinweise

Einstieg in das Thema

Weltkarte, S. 11:
„Wo liegt noch mal …?" Genau diese Frage wird bei der Erarbeitung der Projektmappe des Öfteren fallen. Immer wieder möchten die Kinder (und auch die Erzieherinnen) nachschauen, wo die einzelnen Länder liegen, um sich schnell zu orientieren. Kopieren Sie dazu die Vorlage der Weltkarte bitte auf eine beliebige Größe. Nun können die Länder / Kontinente und die Kinder bunt angemalt werden. Die auf der Karte dargestellten Kinder tragen übrigens landestypische Vornamen (welche jedoch nicht zwingend in den folgenden Angeboten wiederzufinden sind), um ihre Herkunft zu verdeutlichen.
Bei dieser Aktion besteht bereits die Möglichkeit, zwanglos zum Thema „Reise um die Welt" ins Gespräch zu kommen und sich erste Eindrücke über das „Weltwissen" der Kinder zu verschaffen.
Die Weltkarte kann in der Kita-Gruppe, im Foyer oder an Türen gut sichtbar aufgehängt werden und wird so zum ständigen Begleiter auf der „Reise um die Welt".

Tipps, Anregungen und Sachinformationen zu den einzelnen Angeboten

Zum Umgang mit den Arbeitsblättern und anderen Arbeitsergebnissen:
Diese Projektmappe enthält auch einige Arbeitsblätter, deren Aufgabenstellung Sie mit den Kindern in Kleingruppen besprechen (vorlesen) müssen.
Für die Aufbewahrung der Arbeitsblätter empfehle ich, je nach Gruppensituation und organisatorischen Bedingungen, verschiedene Möglichkeiten:

- Ablagefächer (alternativ unifarben gestaltete Deckel von Kopierpapierkartons): Die Kinder haben so freien Zugriff auf die darin sortierten Arbeitsblätter und können ihre Aufgaben selbst auswählen.
- Jedes Kind verfügt über einen Schnellhefter, in den die Erzieherin regelmäßig nach Alter und Entwicklungsstand ausgewählte Arbeitsblätter (z. B. zwei Arbeitsblätter pro Woche) einheftet oder diese gemeinsam mit dem Kind aussucht. Die Kinder wählen die Zeit zur Bearbeitung entweder frei oder es gibt festgelegte Zeiten, innerhalb derer ein Kind seine Arbeitsblätter bearbeiten kann.
- Die fertiggestellten Arbeitsblätter werden im Schnellhefter oder in einer Sammelmappe / einem Sammelordner abgeheftet bzw. gehören als Anlage zur Bildungsdokumentation oder zum Portfolio.
- Es empfiehlt sich außerdem, einen (mit Geschenkpapier beklebten) Schuhkarton für andere gefertigte Objekte anzulegen.

Zu „Wie klingen andere Sprachen?", S. 12:
Die Grußformeln werden von der Erzieherin in den verschiedenen Sprachen in der Kreisrunde vorgetragen und danach von den Kindern wiederholt. So können sich die Kinder ein Bild vom Klang anderer Sprachen machen.
Hinweis: Die Amtssprache in Ghana ist Englisch, aber es werden sehr viele verschiedene afrikanische Sprachen gesprochen. Die größte davon ist „Akan", die von etwa acht Millionen Ghanaern gesprochen und deshalb hier verwendet wird.

Zu „Erzähl mir vom Reisen!", S. 13 – 15:
Die Gesprächsrunde sollte mit maximal acht Kindern gleichzeitig durchgeführt werden. Sie eignet sich sehr gut zum Einstieg in das Projektthema, da sie der Erzieherin Aufschluss über die Reiseerfahrungen und evtl. den Kenntnisstand der Kinder bzgl. des Themas gibt.
Für schüchterne (und vor allem noch neue) Kinder ist das Erzählen anhand des Würfels eine prima Gelegenheit, ihre Hemmungen abzulegen: Zum einen ist es für sie voraussehbar, wann sie an der Reihe sind; zum anderen gibt das Würfelsymbol ihnen den Erzählimpuls.

Zu „Wir sagen Tschüss", S. 22 – 23:
Das Vortragen dieses kleinen Liedes erfordert zwar etwas Übung (mit dem Orff-Instrumentarium), lässt sich aber dennoch sehr gut realisieren, da jedes Instrument nur kleinere Parts übernimmt. Es empfiehlt sich, die Triangel, den Schellenkranz und das Waschbrett doppelt oder dreifach zu besetzen: beispielsweise je zwei ältere (bzw. geübte) Kinder und ein jüngeres (bzw. weniger geübtes) Kind.

Vorbemerkungen und Arbeitshinweise

Zu „Eine japanische Blume (Origami)", S. 27:
Origami ist die japanische Kunst des Papierfaltens, die viele Grundformen und Techniken beinhaltet. Vor allem Akira Yoshizawa hat neue Modelle konstruiert und gemeinsam mit Samuel Randlett Faltanleitungen entwickelt.

Zu „Instrumente aus aller Herren Länder", S. 28 – 31:
Das Bauen der verschiedenen Instrumente enthält Arbeitsschritte unterschiedlicher Schwierigkeitsstufen (Kleistern, Kleben, Schneiden, Bemalen etc.). So besteht die Möglichkeit, aus Kindern verschiedenen Alters Arbeitsteams zu bilden. Dies bietet sich vor allem dann an, wenn die Instrumente anschließend zum „Gruppengut" gehören. Aber auch, wenn jedes Kind ein eigenes Instrument basteln soll, ist die Erfahrung von Teamgeist und gegenseitiger Hilfe wertvoll.
Trommeln haben in Afrika eine lange Tradition und dienten u. a. der Nachrichtenübermittlung. Sie werden mit den Händen gespielt.
Die ersten **Harfen** gab es bereits 3 000 v. Chr. in Mesopotamien und Ägypten. Das Zupfinstrument ist das älteste Musikinstrument Irlands. Daher ist es auch seit dem 13. Jh. das Wahrzeichen des Inselstaats. In großen Orchestern hat die Harfe ihren festen Platz.
Die **Shakuhachi,** eine japanische Flöte, bestand ursprünglich aus Bambus. Heute wird sie aber auch aus verschiedenen Hölzern gefertigt. Die Flöte besticht durch ihre Schlichtheit. Trifft der Luftstrahl auf die Blaskante, entsteht ein Ton.
Clapsticks, die australischen Klanghölzer, sind bunt bemalte Hölzer, die aus der traditionellen Musik der Aborigines stammen. Sie werden gegeneinandergeschlagen und haben einen durchdringenden Klang ohne Nachhall.

Zu „Glücksbringer-Püppchen aus Europa", S. 32:
Diese rot-weißen Glücksbringer, die ihren Ursprung in Bulgarien haben, sind sehr beliebt. Man trägt sie am Körper, in der Nähe des Herzens. Erst wenn sich die ersten Frühlingszeichen bemerkbar machen, darf man sie unter einen Stein legen oder an einen Baum hängen und dabei einen Wunsch aussprechen. Sie sind beliebte Geschenke, um seinen Lieben Glück und Gesundheit zu wünschen.

Zu „Tiere aus aller Welt", S. 33 – 37:
Hier handelt es sich um wirklich schnelle und problemlose Bastel-Aktionen für zwischendurch, die den jüngeren wie auch älteren Kindern ein sofortiges Erfolgserlebnis garantieren: Alle Tiere werden ohne großen Aufwand aus unbedruckten Toilettenpapierrollen und einfachem Papier gebastelt. Die beweglichen Augen erhält man günstig in einem Fachgeschäft. Besonders schön kommen die Tiere zur Geltung, wenn man die einzelnen Gattungen jeweils gruppenweise zusammenhängt.
Bei den **Pinguinen** handelt es sich um flugunfähige Seevögel, die ihren Lebensraum im freien Meer haben, jedoch zum Brüten an Land zurückkehren. Man findet sie hauptsächlich in der Antarktika, in Neuseeland, Südaustralien, Südafrika und auf den Falklandinseln vor Südamerika. Sie ernähren sich meist von Fischen und Krebstieren.
Elefanten, die großen Säuger, gehören zu den Landwirbeltieren. Die afrikanischen und asiatischen Elefanten unterscheiden sich in ihrem Aussehen voneinander. Am ehesten erkennt man einen asiatischen Elefanten an seiner wulstigen Kopfform. Außerdem hat er kleinere Ohren als sein afrikanischer Artgenosse.
Die **europäische Wildkatze** (es gibt auch afrikanische und asiatische Wildkatzen) kommt in größeren Beständen nur noch in Schottland, in Teilen Spaniens und im Osten Frankreichs vor. Nachdem ihr Bestand besorgniserregend gesunken war (sie wurden jahrelang gejagt), versucht man nun, sie auch in verschiedenen Gebieten Deutschlands (Mittelgebirge) wieder anzusiedeln (z. B. im „Nationalpark Eifel"). Da sie sehr unseren Hauskatzen ähneln, ist die Verwechslungsgefahr groß. Trifft man beim Waldspaziergang auf junge Katzen (meist im April), sollte man sie auf keinen Fall berühren, da ihre Mütter sie sonst verstoßen. Allerdings freut sich der zuständige Förster über eine kurze Mitteilung. Er kann den Katzenfundort beobachten und gegebenenfalls eingreifen, falls die Katzenmutter nicht zu den Jungen zurückkehrt. Europäische Wildkatzen ernähren sich hauptsächlich von Wühlmäusen, aber gelegentlich auch von Vögeln, Fröschen und anderen Kleintieren.

Vorbemerkungen und Arbeitshinweise

Kängurus gehören zu den bekanntesten Beuteltieren und leben in Australien und auf Neuguinea. Sie sind Pflanzenfresser und hauptsächlich nachtaktiv. Sie erreichen eine Geschwindigkeit von bis zu 50 km/h. Ihre Sprünge können eine Weite von bis zu 9 m haben.

Zu den Rezepten im Bereich „Gesundheit und Ernährung", S. 45–48:
Zu den Rezepten finden Sie auf den Seiten 47/48 Bilder mit allen bei den Rezepten verwendeten Zutaten und Haushaltsgeräten sowie Pfeilen, mit deren Hilfe Sie die Rezepte bei Bedarf als großes Plakat gestalten können. Vergrößern Sie dazu die benötigten Zeichnungen auf dem Kopierer. Mit den vorhandenen Bildern können Sie auch Bildrezepte auf einem DIN-A4-Blatt erstellen, für jedes Kind kopieren und in einem Schnellhefter sammeln. So erhalten die Kinder eine eigene Bild-Rezepte-Mappe.

Bitte berücksichtigen Sie bei allen Rezepten unbedingt, ob Kinder in Ihrer Gruppe mit Allergien vorbelastet sind.

Bitte die Kinder bei der Durchführung aller Küchen-Aktivitäten nie unbeaufsichtigt lassen!

„To jest pyszne./Bardzo smaczne." (polnisch), „It's delicious./Very tasty./Yummy." (englisch) und „स्वादिष्ट (swaadisht)" (hindi) heißen auf Deutsch: „Es ist köstlich/lecker." „Ace" ist australisches Englisch und heißt „sehr gut/toll".
„Gast im Haus – Gott im Haus" ist eine bekannte Redewendung in Polen. Man bewirtet Gäste sehr gern mit traditionellen Gerichten. Die **Pierogi z grzybami** sind traditionelle und beliebte Teigtaschen.
Chokky rocks sind typische australische Kekse, die sicherlich auch die Kita-Kinder mögen werden.
Kheere ka Raita wird traditionell gern zusammen mit Brot serviert. Bereits im antiken Mesopotamien kannte man ähnliche Rezepte.
Der **Apple Pie** wird sowohl in England als auch in den USA und Australien gegessen.

Zu „Wie viele sind es?", S. 52:
Kinder, die bereits Zahlen schreiben können, tragen diese ein; alle anderen malen entsprechend viele Punkte in die Kästchen.
Hinweis: Das vorherige Anmalen der genannten Dinge erleichtert anschließend das Zählen.

Zu „So bunt sind die Flaggen aus aller Welt", S. 53–54:
Beim Rechnen können Hilfsmittel wie zum Beispiel Perlen verwendet werden. Bei der US-amerikanischen Flagge müssen die einzelnen Streifen abwechselnd in den errechneten Farben (rot – weiß) ausgemalt werden. Die Sterne (auf dem blauen Hintergrund) bleiben weiß.

Zu „Mit Bus und Bahn", S. 57:
Diese Aufgabe erfordert den „Transfer" der Abbildungen in die Realität, das heißt: Nicht die abgebildeten, sondern die tatsächlichen Größen werden miteinander verglichen. Daher sollte die Erzieherin gegebenenfalls Hilfestellungen anbieten.

Zu „Da fehlt doch was!", S. 58:
Die „halben" Reisetaschen und Koffer sollen jeweils an der Achse gespiegelt werden.
Hinweis: Die Erzieherin kann dem Kind Hilfestellungen geben, indem sie vorher Punkte (Linienenden) in das Netz einzeichnet.

Zu „Holi – das Fest der Farben", S. 62:
Holi, das indische Frühlingsfest, wird vor allem im Norden des Landes gefeiert und ist den Göttern gewidmet. Es dauert mehrere Tage. Bei dem sehr fröhlichen, farbenprächtigen Fest wird getanzt und alle Schranken bzgl. der gesellschaftlichen Stellung scheinen aufgehoben. Die Menschen feiern ausgelassen und besprühen und bemalen sich mit bunten Naturfarben. Daher heißt das Fest auch „Fest der Farben". Gegebenenfalls indische Musik bereithalten (s. S. 9).

Vorbemerkungen und Arbeitshinweise

Zu „Homowo – ein Erntefest", S. 62:
Homowo ist ein ghanaisches Erntefest. Es wird hauptsächlich in der Hauptstadt Accra und seiner Umgebung gefeiert. Das Fest geht zurück auf eine Zeit, in der eine schlimme Dürre überwunden werden konnte. Am Tag des Festes zieht eine fröhliche Parade durch die Straßen und es gibt traditionelles Essen.

Zu „Schön anzusehen!", S. 69 – 71:
Die **Statue of Liberty** (USA), die Freiheitsstatue, steht seit 1886 auf Liberty Island im New Yorker Hafen und wurde von Frédéric-Auguste Bartholdi geschaffen. Sie stellt Libertas, die römische Göttin der Freiheit, dar.
Das **Taj Mahal** (Indien) ist eine Grabmoschee in Agra, die der Großmogul Shah Jahan von 1631 – 1648 hat errichten lassen.
Die **Tower Bridge** (England) ist eine Klappbrücke von 244 m Länge. Sie führt in London über die Themse und wurde von 1886 bis 1894 erbaut.
Tempel (Japan) gehören zu den eindrucksvollsten religiösen Bauwerken. Kyoto war bis 1868 die Hauptstadt Japans und so finden sich hier weitreichende geschichtliche Spuren der japanischen Kaiserzeit.
Die (inkl. Sockel) 38 m hohe **Christusstatue** (Cristo Redentor = Christus, der Erlöser) gehört zu den Wahrzeichen Rio de Janeiros (Brasilien). Sie wiegt 1 145 t und befindet sich auf dem Corcovado-Berg. Mit einer Bergbahn ist sie zu erreichen.
Der **Ayers Rock** (Australien) befindet sich in der australischen Wüste. Er ist der obere Teil einer großen, unterirdischen Gesteinsschicht und besteht aus Sandstein. Sein Umfang beträgt ca. 9 km. Die Aborigines (Ureinwohner Australiens) betrachten ihn als Heiligtum.

Zu „Wir schmücken Hände und Füße", S. 66:
Mehndi, der indische Brauch, Hände und Füße zu verzieren, kennt keine religiösen Grenzen. Vor allem an Hochzeiten wird die Braut von ihren Freundinnen mit Mustern kunstvoll geschmückt. Die Farbe wird aus der Henna-Pflanze gewonnen. Man vermutet, dass bereits die Ägypter Henna benutzten, um ihre Körper zu bemalen.

Zu „Triskel", S. 73:
Irlands frühmittelalterliche Kunst hat ihren Ursprung u. a. bei den Römern und Germanen. Aber auch die Buchmalerei des Nahen Ostens nahm Einfluss auf die verschlungenen Muster. So entstanden zahlreiche Ranken- und Knotenkreationen, denen man symbolhaften Charakter zuordnet.
Das Triskel – oder auch Triskele genannt – ist eines der wichtigsten Symbole. Manche halten es für ein Schutzzeichen, andere sehen in ihm ein Sonnensymbol oder gar den Weg des Lebens.
Wie auch immer: Ein Triskel ist hübsch und das Ausmalen hat eine sehr entspannende Wirkung.
Tipp: Wird das Triskel auf Architektenpapier kopiert und mit Filzstiften ausgemalt, erhält man ein leuchtendes Fensterbild. Sie können es danach laminieren und ausschneiden, dabei aber bitte einen Rand überstehen lassen. Nun können Sie problemlos mit einem Locher ein Loch zum Aufhängen hineinstanzen oder mit einer Nadel einen Nylonfaden durchziehen. Eine schöne Wirkung hat das wetterfeste Triskel auch als Gartenschmuck (z. B. an Bäumen, Zäunen etc.).

Zu „Wir tanzen Squaredance (USA)", S. 76:
Die Bewegungselemente kann man immer wieder neu kombinieren und zu unterschiedlichen Tänzen zusammensetzen. Je nach Alter der Kinder lassen sich so auch ganz einfache oder schwierigere Kombinationen bilden.

Zu „Fair gehandelt!", S. 80:
Manche Vorschulkinder können bereits lesen und die Logos wie in der Anleitung vorgegeben ausmalen. Allen anderen Kindern sollten Sie die Zahlen vorab entsprechend farbig anmalen.

Vorbemerkungen und Arbeitshinweise

Medientipps

Zu „Fair gehandelt“ (S. 80) bzw. zur Problematik der Ausbeutung von Bauern finden Sie auf folgenden Internetseiten weitere Informationen:
www.gepa.de; www.gebana.com; www.weltladen.de; www.goodweave.de; www.tdh.de

Möchten Sie weitere Problematiken unserer Erde (z. B. Kinderarbeit im Steinbruch, Leben im Müll, Kampf gegen die Cholera) mit den Kindern thematisieren, empfehlen wir folgende Internetseiten:
www.misereor.de
www.aerzte-ohne-grenzen.de
www.sos-kinderdorf.de/portal/spenden
www.passecatabois.blogspot.com
www.oafrica.org

Auf die Inhalte dieser empfohlenen Internetseiten haben wir keinen Einfluss, weshalb von uns dafür auch keine Gewähr übernommen werden kann. Für die entsprechenden Seiten ist der jeweilige Betreiber verantwortlich. Rechtswidrige Inhalte waren zum Zeitpunkt der Erstellung dieses Kita-aktiv-Heftes nicht erkennbar. Auch übernehmen wir keine Verantwortung für die Gültigkeit der angegebenen Internetadressen, die zum Zeitpunkt der Erstellung dieser Projektmappe abrufbar waren.

Literatur:

- **Höfele, Hartmut E.; Steffe, Susanne:**
  „Kindertänze aus aller Welt: Lebendige Tänze, Kreis-, Bewegungs- und Singspiele rund um den Globus“, Ökotopia Verlag, Aachen, 2010, gebunden, 139 Seiten, farbig illustriert, ISBN: 9783936286403 (nur noch gebraucht erhältlich)

- **Könnecke, Ole:**
  „Das große Bilderbuch der ganzen Welt“, Carl Hanser Verlag, München, 2014, gebunden, 20 Seiten, ISBN: 978-3446242999

- **Marshall, Anna:**
  „Wolkenknopf“, Südpol Verlag, Grevenbroich, 2023, gebunden, 32 Seiten, ISBN: 978-3965942066

- **Saunders, Catherine / Priddy, Sam / Lennon, Katy:**
  „Kinder aus aller Welt“, Dorling Kindersley, München, 2017, gebunden, Farbfotografien und Interviews, gebunden, 80 Seiten, ISBN: 978-3831032143

- **Gelberg, Hans-Joachim (Hrsg.):**
  „Märchen aus aller Welt“, Beltz & Gelberg / Verlagsgruppe Beltz, Weinheim, 2013, gebunden, 384 Seiten, illustriert, ISBN: 9783407820389 (nur noch gebraucht erhältlich)

- **Götz, Susanne; Liebscher, Catrin; Steckelmann, Petra:**
  „5-Minuten-Geschichten aus aller Welt“, gondolino, 2006, gebunden, 192 Seiten, ISBN: 9783811228153 (nur noch gebraucht erhältlich)

- **Schäfer, Michael (Arrangements):**
  „Auf 88 Tasten um die Welt“, AMA Verlag, 2010, gebunden, Notensammlung für Klavier, 228 Seiten, ISBN: 978-3899220933

- **Bußhoff, Katharina:**
  „Mix-Max Kinder der Welt: Ein Klappbuch mit Spiegel“, Thienemann-Verlag, 2008, gebunden, 18 Seiten, farbig illustriert, ISBN: 9783522301541

Vorbemerkungen und Arbeitshinweise

Musik-CDs:

- **Jöcker, Detlev:**
  „Alle Kinder dieser Erde: Freundschafts- und Friedenslieder“, Menschenkinder, Münster, 2006, Audio-CD, ASIN: 3895162477 (nur noch gebraucht erhältlich)

- **Diverse Künstler:**
  „Kinder einer Welt – Die schönsten Kinderlieder aus aller Welt“, Ökotopia-Verlag, Münster, 2006, Audio-CD, ISBN: 9783936286915

Für das Farbenfest „Holi“ (S. 62) sowie für das Angebot „Tanzt du Samba mit mir? (Brasilien) auf S. 78 eignet sich z. B. die bereits oben empfohlene CD:

- **Diverse Künstler:**
  „Kinder einer Welt – Die schönsten Kinderlieder aus aller Welt“, Ökotopia-Verlag, Münster, 2006, Audio-CD, ISBN: 9783936286915

Schön zur Untermalung der Wahrnehmungsübung „Eine Erlebnis-Rundreise“ (S. 67–68) ist:

- **Vivaldi, Antonio:**
  „Die vier Jahreszeiten“ (Hierzu sind sehr viele verschiedene CDs auf dem Markt erhältlich.)

Zu „Wir tanzen Squaredance (USA)” (S. 76) passt folgendes Musikstück:

- **Höfele, Hartmut E.:**
  „Friendship dance – Freundschaftstanz”, aus: „Welcome to America.“ Ökotopia Verlag, 2010, ISBN: 9783867021203

Folgende CD empfiehlt sich für das Angebot „Tanzt du Samba mit mir? (Brasilien)“ auf S. 78:

- **Diverse Künstler:**
  „Samba Bossa Nova“, Putumayo / Exil (Indigo), 2002, Audio-CD, ASIN: B00005U2LS

Kopiervorlage „Elternbrief“

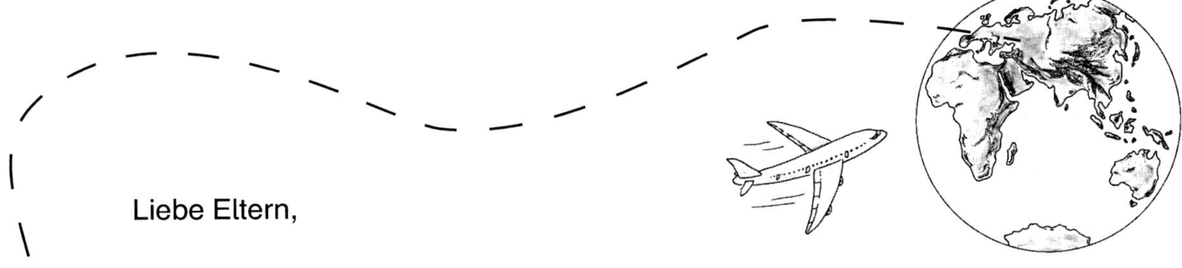

Liebe Eltern,

wir möchten Ihre Kinder in den kommenden Wochen mit auf die Reise nehmen: auf die Kontinente Europa, Nord- und Südamerika, Afrika, Australien, Asien und die Antarktika. Dabei besuchen wir die Länder Polen, England und Irland, Indien, Japan, Australien, Ghana, Brasilien und die USA und lernen dortige Bräuche, Basteleien, Traditionen und vieles mehr kennen! Außerdem machen wir einen Abstecher in die Antarktika.

Reise um die Welt – so lautet unser neues Rahmenthema. Innerhalb dessen werden wir uns intensiv mit den verschiedenen Sprachen, den Kontinenten und Ländern unserer Erde, mit der bunten Flaggenvielfalt, den unterschiedlichen Lebensräumen von Menschen und Tieren aus aller Welt, mit fremden Kulturen und Traditionen, aber auch mit den (nicht immer schönen) Arbeitsbedingungen in anderen Ländern beschäftigen.

Wir hoffen auch diesmal wieder auf Ihre tatkräftige Unterstützung bei unseren reiseabenteuerlustigen Aktivitäten. Den Projektabschluss wird ein Stabpuppen-Theaterspiel bilden, zu dessen Aufführung wir Sie, liebe Eltern, und Ihre Angehörigen zu gegebener Zeit gern einladen.

Auch möchten wir Sie ermuntern, jederzeit einen Blick in unsere Einrichtung zu werfen, um sich bei Ihren Kindern über die Projektarbeit zu informieren.

Es grüßt Sie herzlich

Ihr Kita-Team

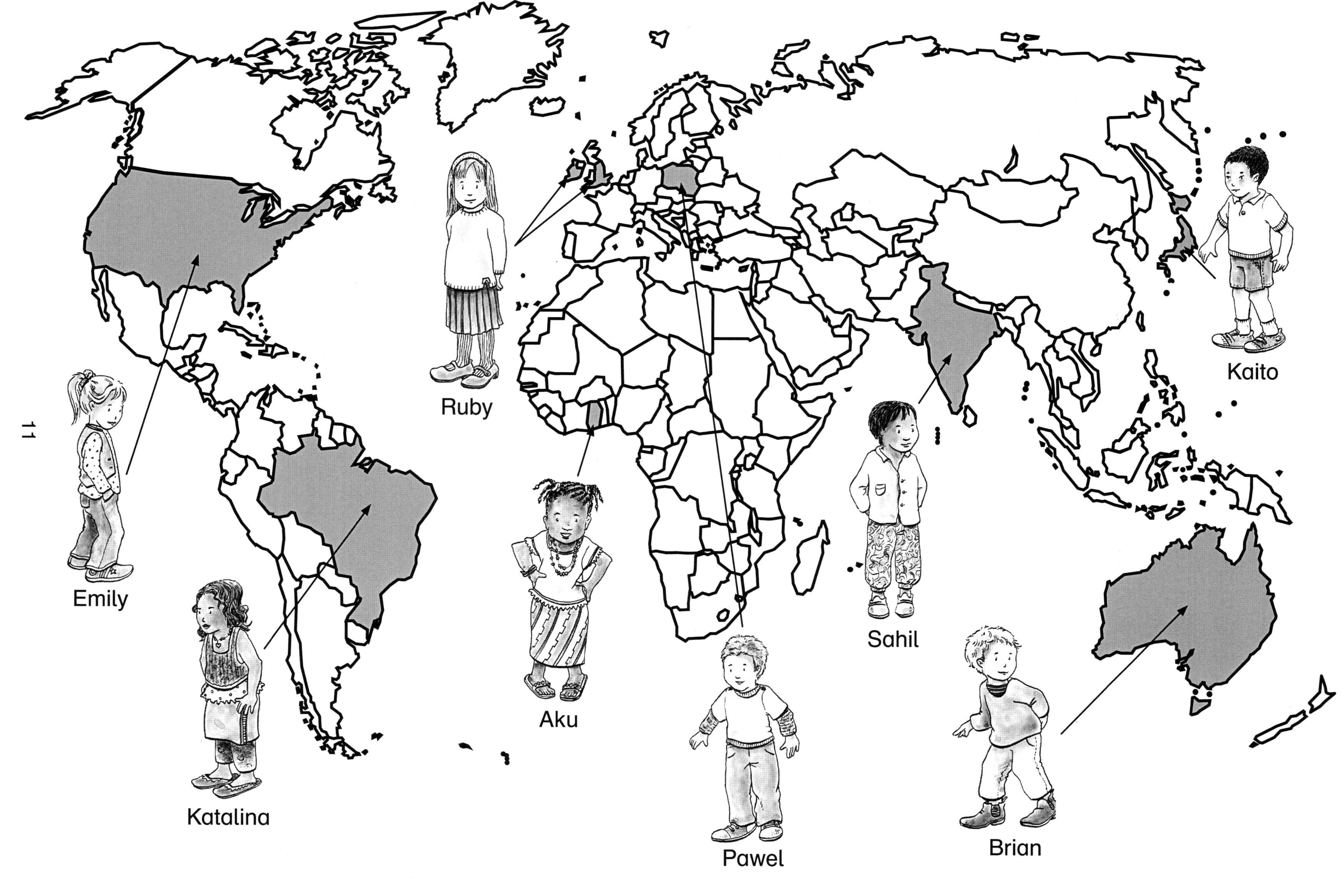
Ruby
Kaito
Emily
Aku
Sahil
Katalina
Pawel
Brian

Wie klingen andere Sprachen? (ab 4 Jahren)

Sag's auf Portugiesisch (Brasilien):

Bom dia!
Adeus!

Sag's auf Englisch:

Hello!
Goodbye!

Sag's auf Polnisch:

Dzień dobry!
Pożegnanie!

Sag's auf Irisch:

Dia dhuit!
Slán!

Sag's auf Japanisch:

こんにちは (Konnichiwa!)
さようなら (Sayonara!)

Sag's auf Akan:

Maa ha! Ete sen!
Nanteyie!

Sag's auf Hindi:

नमस्ते (Namaste!)
राम राम (Raam raam!)

BVK • Maggie Jung: Kita aktiv „Projektmappe Reise um die Welt“

Erzähl mir vom Reisen! (1) (ab 3 Jahren)

Material:
zum Basteln des Motivwürfels: Kopiervorlage „Gesprächswürfel" (s. S. 15), Buntstifte, 1 Bogen Tonkarton (DIN A4), 1 Schere, 1 Rest Kissenfüllwatte oder Kosmetikwatte, Bastelkleber
für die Gesprächsrunde: gebastelter Motivwürfel

Arbeitsanleitung zum Basteln des Würfels:
Die Arbeitsschritte werden, je nach Alter der Kinder, zugeteilt:

1. Zunächst wird der Papierausdruck mit den Würfelmotiven bunt angemalt (jüngere Kinder).
2. Anschließend schneidet ein älteres Kind das Würfelnetz entlang der durchgezogenen Linie aus.
3. Das Ganze wird auf Tonkarton geklebt und erneut ausgeschnitten.
4. Gemeinsam mit der Erzieherin wird das Würfelnetz an den gestrichelten Linien gefaltet und an den Laschen zusammengeklebt.
   Achtung: Bevor man die letzte Lasche verklebt, wird der Würfel mit Watte gefüllt, damit er bei Gebrauch nicht so leicht eindellt und sich besser würfeln lässt.

Ablauf der Gesprächsrunde und Gesprächsimpulse:
Die Teilnehmer sitzen im Kreis; in der Mitte steht ein kleiner Tisch.
Die Erzieherin erläutert die Symbole des Würfels:

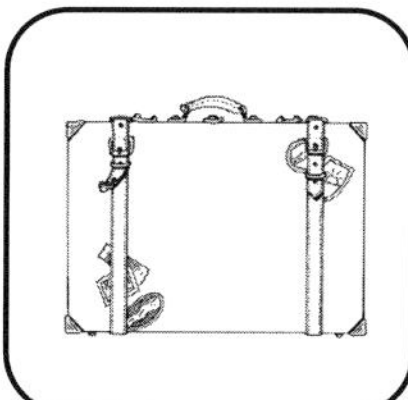

Was nimmst du gern mit auf die Reise?

Weitere Impulse:
- Welcher Gegenstand ist für dich der Wichtigste?
- Hast du schon einmal vergessen, etwas Wichtiges einzupacken?
- Ist dir auf Reisen schon einmal etwas verloren gegangen?

Wohin bist du schon gereist?

Weitere Impulse:
- Bist du schon weit gereist (fernes Land) oder noch nicht so weit (zur Oma)?
- Hat es dir an deinem Reiseziel gut gefallen?
- Was hat dir nicht am Urlaubsort gefallen?

Hattest du schon einmal Heimweh?

Weitere Impulse:
- Hast du auf deiner Reise einen Menschen sehr vermisst (Eltern, Geschwister, Freunde)?
- Hast du deinen Heimatort vermisst?
- War das Heimweh schlimm?
- Wer / Was hat dich getröstet?

Erzähl mir vom Reisen! (2) (ab 3 Jahren)

Mit wem bist du verreist?

Weitere Impulse:
- Hat dich deine Familie (Mama, Papa, Geschwister) auf deiner Reise begleitet oder waren andere Verwandte (z. B. eine Tante) dabei?
- Bist du auch schon einmal allein verreist?

Mit welchem Verkehrsmittel bist du gereist?

Weitere Impulse:
- Warst du gern im Auto / im Flugzeug / im Bus / im Zug / auf dem Schiff / mit dem Fahrrad / zu Fuß unterwegs?
- Hattest du schon einmal ein mulmiges Gefühl im Bauch (z. B. beim Fliegen)?

Was war dein schönstes Reiseerlebnis?

Weitere Impulse:
- Hast du ein Andenken daran?
- Hast du auch schon einmal etwas ganz Blödes auf einer Reise erlebt?

Das erste Kind beginnt mit dem Würfeln. Je nach Symbol formuliert die Erzieherin nochmals die Frage und gibt gegebenenfalls weitere Impulse, die das Kind zum Erzählen anregen.
Ist das Kind mit dem Erzählen fertig, gibt es den Würfel an seinen linken Sitznachbarn weiter.

Variante zur Förderung der Konzentration und zum Erlernen des Zuhörens:
Das erste Kind würfelt und beantwortet nur die grundlegende Frage. Das heißt, die Erzieherin gibt keine weiteren Impulse.
Das nachfolgende Kind wiederholt die Aussage des Vorgängers (z. B. „Jana nimmt gern ihren Teddy mit auf die Reise.“) und setzt den Vorgang mit Würfeln und Erzählen fort.

Kopiervorlage „Gesprächswürfel“

(Bitte ggf. hochkopieren.)

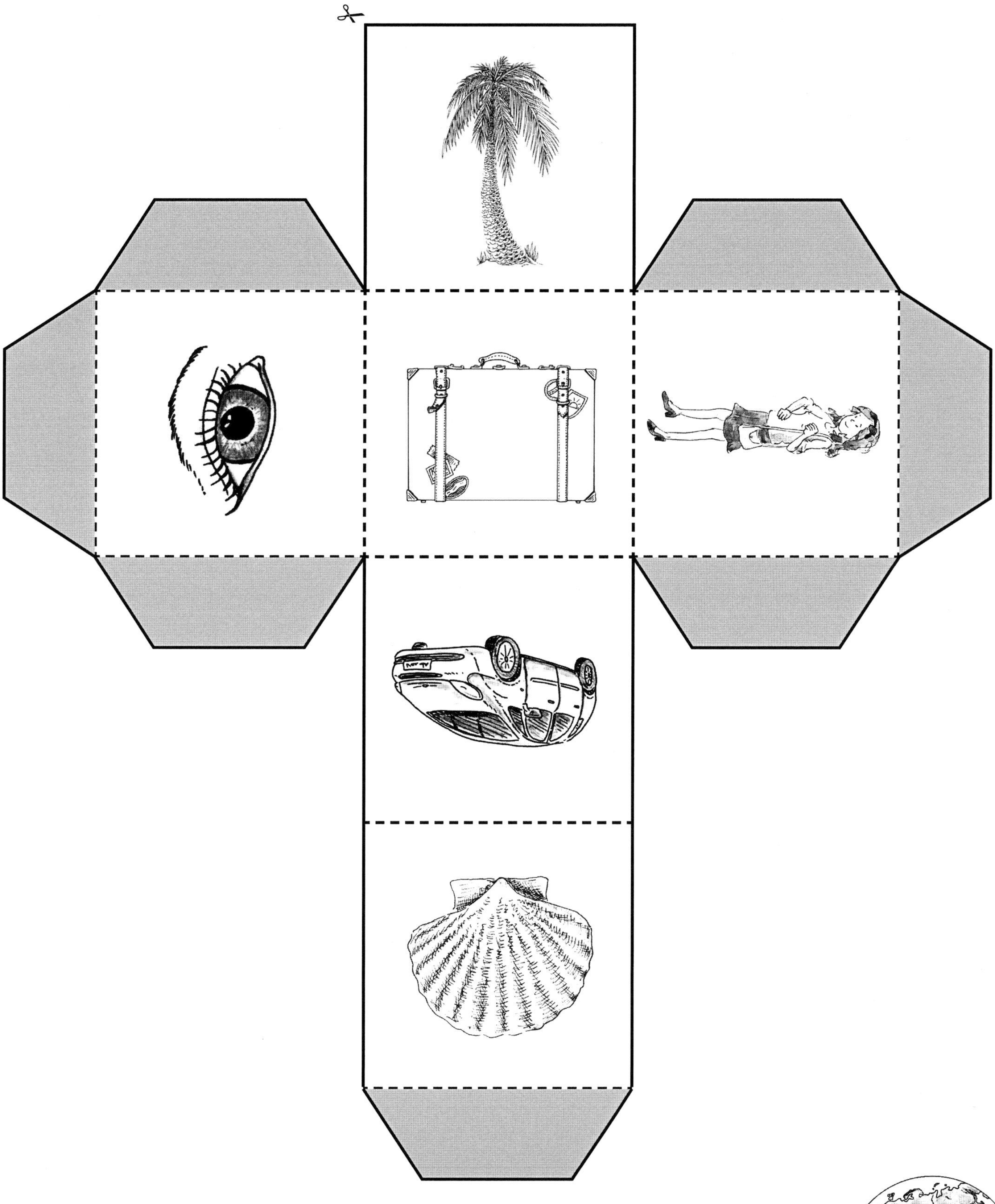

Quiz für Weltenbummler (ab 5 Jahren)

Material:
verschiedene kleine Gegenstände (s. Vorbereitung), 1 Stoffbeutel (mit Schnüren zum Zuziehen), evtl. 1 Augenbinde

Vorbereitung:
Pro Frage wird ein kleiner Gegenstand, der mit der Frage in Zusammenhang steht, im Beutel verstaut.
Für Frage 1: kleines, unbedrucktes Fähnchen (herzustellen aus Zahnstocher und Papier)
Für Frage 2: Plüsch-Känguru
Für Frage 3: Skizze von einem Mund
Für Frage 4: Eiskristall (aus Papier ausschneiden)
Für Frage 5: kleiner Elefant (aus der Spiel- / Bauecke)
Für Frage 6: Spielzeug-Banane (aus dem Spielzeug-Kaufladen)
Für Frage 7: Spielzeugbus
Für Frage 8: kleines Bild zum Beispiel von Tukan, Tapir, Schlange ...
Für Frage 9: kleiner Tempel, kleine Brücke ... (aus Bausteinen)
Für Frage 10: verschlossenes Glas mit Sand

Durchführung des Quiz:
Teilnehmerzahl: fünf oder zehn Kinder

1. Ein Kind greift mit geschlossenen / verbundenen Augen in den Beutel und wählt einen Gegenstand.
2. Die Erzieherin stellt die entsprechende Frage.
3. Kommt das Kind nicht gleich auf die Lösung, darf ein Mitspieler ihm einen Tipp geben.
4. Hat ein Kind die Frage beantwortet, darf es den Gegenstand vor sich abstellen und weiter geht es.

Quizfragen:

1. Welche Farben hat die deutsche Flagge? (Schwarz-Rot-Gold)
2. Wo leben Kängurus? (Australien)
3. Welche Sprache spricht man in Nordamerika? (größtenteils Englisch)
4. Auf welchem Kontinent ist es sehr kalt, weil es dort fast nur Eis gibt? (Antarktika)
5. Nicolas reist auf einen Kontinent, auf dem Elefanten leben. Wohin reist er? (Asien oder Afrika)
6. Wer weiß, wo Bananen wachsen? (Südamerika und Asien)
7. Kennst du ein Reiseverkehrsmittel mit mehr als vier Reifen? (Reisebus)
8. Kennst du ein Tier, das im Regenwald lebt? (z. B. Tukan, Tapir, Schlange)
9. Kennst du eine besondere Sehenswürdigkeit dieser Erde? (z. B. japanischer Tempel, Tower Bridge)
10. Jana verreist ... und reitet auf einem Kamel über feinen, trockenen Sand. Wohin ist sie gereist? (z. B. in die afrikanische Wüste)

Variante:
Teilnehmerzahl: maximal die gesamte Kita-Gruppe

1. Der verschlossene Stoffbeutel wird im Kreis herumgegeben; alle sprechen: „Ein Beutel geht herum; was mag wohl darin sein? Wir sind ja so gespannt, der / die (Namen des Kindes einfügen) greift hinein."
2. Bei dem Wort „hinein" verbleibt der Beutel bei dem jeweiligen Kind, welches mit geschlossenen oder verbundenen Augen einen Gegenstand herausnehmen darf.
3. Die Erzieherin stellt die Frage.
4. Beantwortet das Kind die Frage richtig, darf es den Gegenstand vor sich abstellen; es erhält den herumgereichten Beutel dann nicht mehr.
5. Kann ein Kind die Frage nicht beantworten, verstaut es den Gegenstand wieder im Beutel und gehört weiterhin zur Raterunde.

Ganz nach Belieben können immer wieder neue Fragen zum Thema, evtl. auch von den Kindern, erdacht werden.

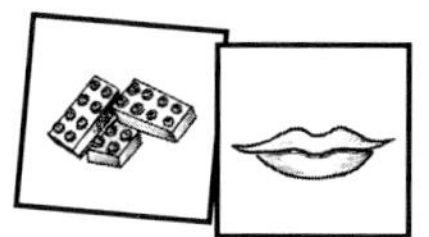

Wenn fünf Zwerge verreisen (ab 2 Jahren)

Für dieses Fingerspiel kann sich die Erzieherin auf die Fingerkuppen einer Hand Gesichter malen, auf die der anderen Hand die „Reiseziele“ der Zwerge.

Fünf Zwerge möchten gern verreisen, in ein schönes, weites Land.
Drum machen sie sich auf den Weg und wandern Hand in Hand.

1.
Der **Erste,** der die Sonne liebt, ruft: „Ich will nach **Hawaii!“**
Doch alle ander'n schrei'n im Chor: „Kein Sonnenschirm dabei!“

2.
Der **Zweite** mag ins kalte Eis: „Auf zur **Antarktika!“**
Doch alle ander'n schrei'n im Chor: „Hast du 'nen Schlitten da?“

3.
Der **Dritte** schwärmt vom **Regenwald:** „Los, macht euch auf von hinnen!“
Doch alle ander'n schrei'n im Chor: „Da gibt's zu viele Spinnen!“

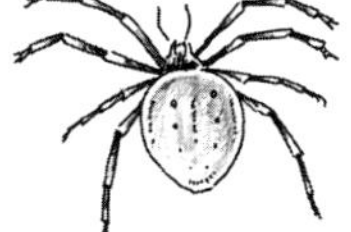

4.
Der **Vierte** liebt das Schwimmen sehr: „Zur schönen **Nordsee,** los!“
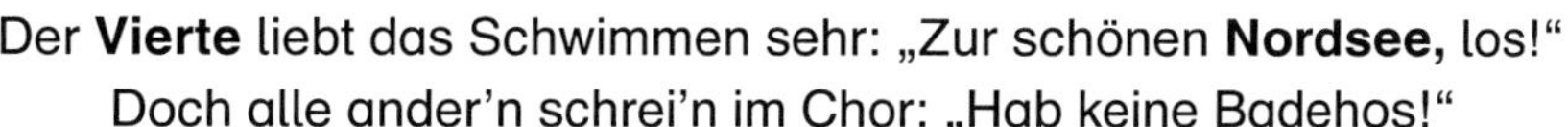
Doch alle ander'n schrei'n im Chor: „Hab keine Badehos!“

5.
Dem **Fünften** wird es nun zu bunt: „Ihr seid verrückt, ihr vier!
Wenn ihr nicht wisst, wohin ihr wollt, dann bleiben wir jetzt **hier!“**

Die ander'n denken lange nach und fangen an zu lachen:
„Wir können auch ein and'res Mal uns auf die Reise machen.“

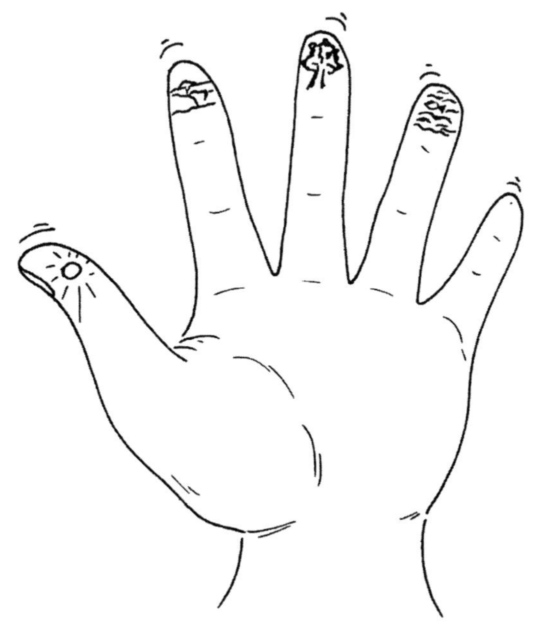

In unsere Koffer stecken wir allerlei (ab 5 Jahren)

Material:
zum Basteln der Alphabetuhr und der Köfferchen: Vorlage „Zeiger" (s. u.), Vorlage „Alphabetuhr" (s. S. 19), Vorlage „Köfferchen" (s. S. 19), Buntstifte, Tonkarton (Ø 14,5 cm), Klebestifte, Scheren, 1 kleines Reststück Tonkarton in Rot, Bleistifte, 1 Cuttermesser, 1 Musterklammer, 1 Bogen Moosgummi (DIN A4), Bastelkleber
für das Kofferkreisspiel: Alphabetuhr, evtl. 1 Augenbinde
für das Kofferwettspiel: zusätzlich 40 kleine Köfferchen (Vorlage s. S. 19), evtl. 1 Sanduhr

Arbeitsanleitung zum Basteln der Alphabetuhr und der Köfferchen:
1. Der „Buchstabenring" der Uhr wird in verschiedenen Farben, die eigentliche Uhr in Gelb angemalt.
2. Nun die Uhr auf Tonkarton kleben und ausschneiden.
3. Die Zeigervorlage ausschneiden und die Umrisse mit einem Bleistift auf roten Tonkarton zeichnen, dann den Zeiger ausschneiden.
4. Mit dem Cuttermesser ritzt die Erzieherin (!) ein kleines Kreuz in den Zeiger und in die Uhr (s. Markierung auf den Vorlagen).
5. Dann werden Zeiger und Uhr mit einer Musterklammer verbunden. Fertig ist die Alphabetuhr.
6. Die kleinen Koffer werden bunt ausgemalt und auf den Moosgummibogen geklebt.
7. Anschließend werden sie sorgfältig ausgeschnitten.

Ablauf des Alphabetkreisspiels (für maximal 20 Kinder):
1. Die Teilnehmer sitzen im Kreis. Das erste Kind dreht mit geschlossenen oder verbundenen Augen am Zeiger der Alphabetuhr, bis sein Gegenüber aus dem Kreis „Stopp!" ruft.
2. Das Kind mit der Uhr artikuliert zunächst den entsprechenden Buchstaben (ohne Mitlaut), zum Beispiel „Wwww" oder „B-b-b-b". Gegebenenfalls übernimmt die gesamte Kreisrunde.
3. Nun sagt das Kind: „In unseren Koffer stecken wir allerlei. Ich nehme (das Kind fügt ein Nomen mit dem entsprechenden Buchstaben ein) eine Wollmütze mit."
4. Dann kommt das nächste Kind an die Reihe und dreht an der Uhr.

Ablauf des Kofferwettspiels (für 2–4 Kinder plus 1 Schiedsrichter):
1. Zu Beginn wird festgelegt, wie viele Runden gespielt werden, zum Beispiel fünf. Die Teilnehmer sitzen am Tisch. Der Schiedsrichter verwaltet die Köfferchen.
2. Das erste Kind dreht mit geschlossenen oder verbundenen Augen am Zeiger der Alphabetuhr, bis der Schiedsrichter „Stopp!" ruft.
3. Dann versucht es, so viele Wörter wie möglich zu dem entsprechenden Buchstaben zu finden. Es sagt: „In meinen Koffer packe ich allerlei: Buch, Banane, Bild …" Für jedes Wort, das das Kind nennt, bekommt es vom Schiedsrichter ein kleines Köfferchen. (Man kann die Zeit hier durch den Einsatz einer Sanduhr begrenzen.)
4. Nun ist das nächste Kind an der Reihe.
5. Sind die vereinbarten Runden gespielt, stapelt jeder Mitspieler seine kleinen Koffer übereinander. Nun können die Koffertürme verglichen werden. Wer hat den höchsten Kofferturm? (Natürlich können die Koffer auch gezählt werden: Wer hat die meisten Koffer?)

Kopiervorlage „Zeiger"

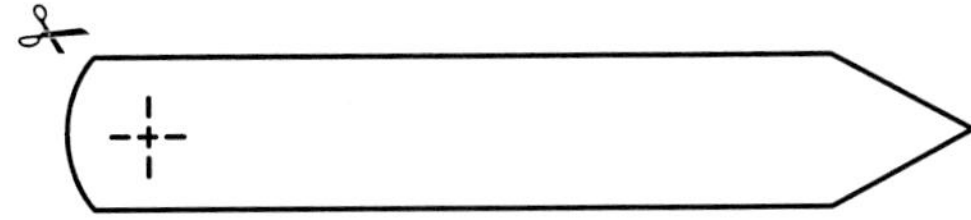

Kopiervorlage „Alphabetuhr“

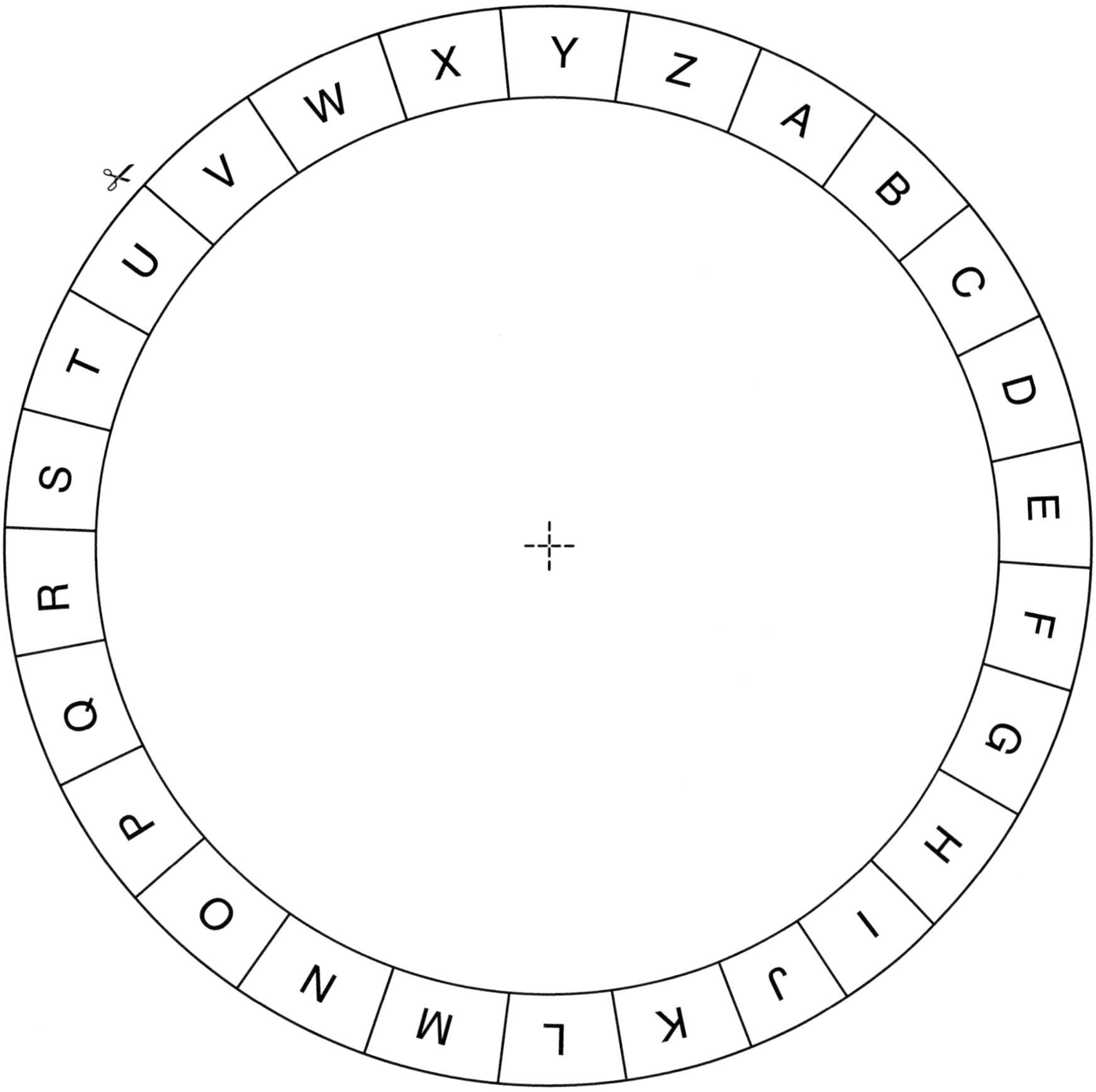

A B C D E F G H I J K L M N O P Q R S T U V W X Y Z

Kopiervorlage „Köfferchen“

(Bitte insgesamt vier Mal kopieren.)

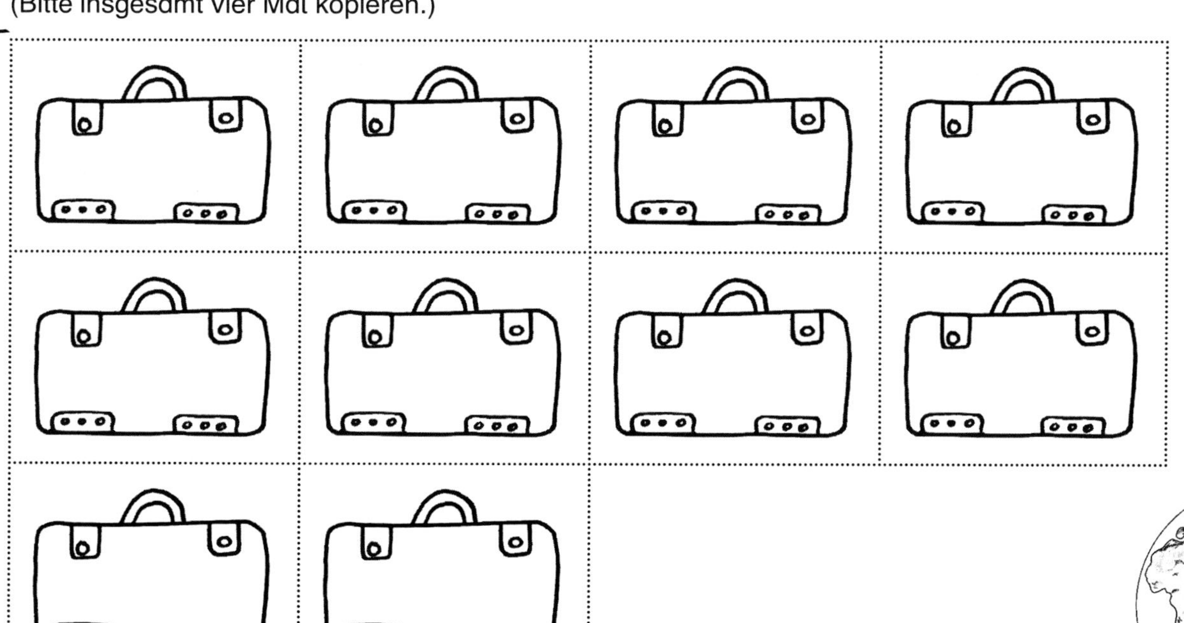

Wer möchte gern mit mir reisen? (ab 3 Jahren)

Hinweis:
Haben die Kinder noch keine Erfahrung mit dem Orffschen Instrumentarium, sollte vorher eine Einführungs- und Experimentierphase stattfinden. Stehen keine Instrumente zur Verfügung, kann man auch sogenannte „kostenlose Instrumente“ nehmen – als Trommeln funktionieren zum Beispiel: Topf mit Löffel, runder Kartoneimer; zum Gegeneinanderschlagen: 2 Holzkochlöffel, 2 Joghurtbecher, 2 Kochtopfdeckel; sonstiges: 1 Plastiktüte (hin und her reißen) etc.

Spielablauf:
Es wird ein Stuhlkreis gebildet, der einen Stuhl weniger enthält als Teilnehmer des Singspiels. In der Mitte des Kreises liegen (auf einem Tuch) Schlag- und Rhythmusinstrumente des Orffschen Instrumentariums oder die „kostenlosen Instrumente“.
Das Kind, das keinen Stuhl hat, beginnt und darf sich ein Instrument aussuchen. Während alle gemeinsam singen, geht es außerhalb des Kreises an den Sitzenden vorbei und spielt dazu (im Takt) auf seinem Instrument, alle anderen können den Rhythmus durch Klatschen unterstützen. Bei dem Satz „In ... wird Musik gemacht, ...“ kann das Kind ein Land (oder einen ihm bekannten Ort) einfügen. Bei „Ich lade ... ein.“ nennt es den Namen eines Kindes, das sich daraufhin auch ein Instrument aussucht und mitmusiziert.
Ab dem zweiten bzw. dritten Kind heißt es im Liedtext: „... wie es uns gefällt.“ und „Wir alle reisen um die Welt ...“ In einer Singspielrunde können so viele Kinder mitmachen, wie Instrumente vorhanden sind.

D G A
Wer möch - te ger - ne mit mir rei - sen um die gan - ze

D G A
Welt? In Ir - land wird Mu - sik ge - macht, so wie es mir ge -
(... - ...) (uns)

D 1 D 2 G D
fällt! Wer fällt! Hey, romms - ta - da und sums - fa - la, ich

G D G D G
la - de *(Na - me)* ein. Wir bei - de rei - sen um die Welt, weil
(al - le)

D A 1 D A 2 D
uns das toll ge - fällt. Wir uns das toll ge - fällt.

Der Instrumente-Rap (ab 6 Jahren)

Hinweis:
Dieser Rap wird von fünf Gruppen (Rap-Gruppen 1, 2, 3, 4 und dem Chor) und vier einzelnen Rappern vorgetragen. Die hier vorgestellten Instrumente können selbst gebastelt werden (s. S. 28 – 31 „Instrumente aus aller Herren Länder“).

Aufstellung:
Rap-Gruppe 1 beginnt fingerschnippend, während Rapper 1 auf die Gruppe zugeht und vor ihnen (bzw. zum Publikum gewandt) stehen bleibt. Er zeigt sein Instrument und spielt es an. Der Chor geht während des Rappens ein paar Schritte nach vorn (auf das Publikum zu) und schreitet bei den jeweils letzten Worten wieder rückwärts in den Hintergrund. Dann ist Rap-Gruppe 2 an der Reihe usw.

Rap-Gruppe 1: Hey, Aku, was hast du denn da? Komm, zeig uns das mal her!
Was spielst du für ein Instrument, ist das nicht irre schwer?

Rapper 1: Trommeln sind das, hört mal zu: (*„Aku“* schlägt die Trommel.)
In Ghana wird Musik gemacht, die spielt dort jedermann!

Chor: Das ist super, das ist stark! Wer hätte das gedacht?
Mit Trommeln wird in Ghana ganz toll Musik gemacht!

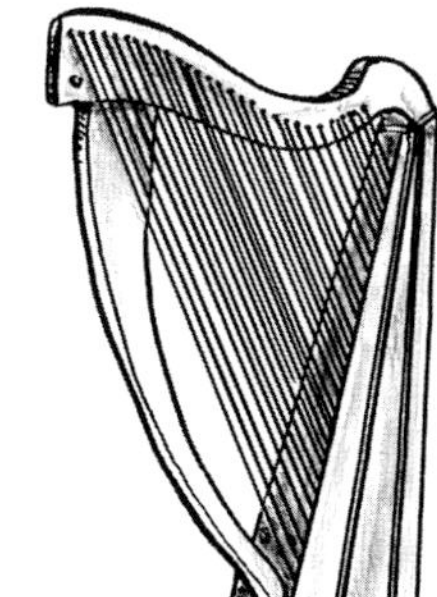

Rap-Gruppe 2: Hey, Ruby, was hast du denn da? Komm, zeig uns das mal her!
Was spielst du für ein Instrument, ist das nicht irre schwer?

Rapper 2: 'Ne Harfe ist das, hört mal zu: (*„Ruby“* zupft die Harfe.)
In Irland wird Musik gemacht, die zupft dort jedermann!

Chor: Das ist super, das ist stark! Wer hätte das gedacht?
Mit Harfen wird in Irland doch echt Musik gemacht!

Rap-Gruppe 3: Hey, Kaito, was hast du denn da? Komm, zeig uns das mal her!
Was spielst du für ein Instrument, ist das nicht irre schwer?

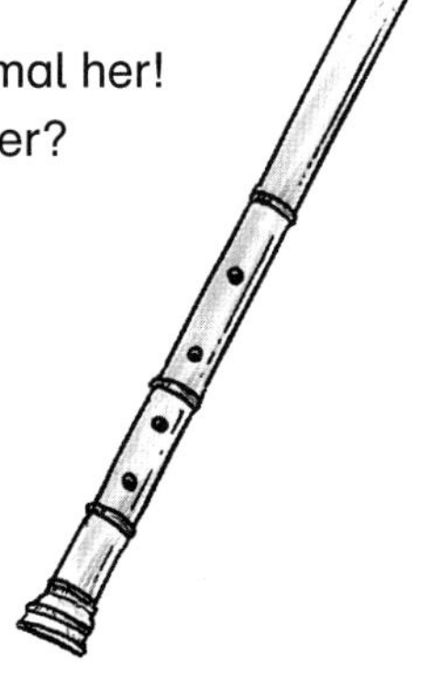

Rapper 3: 'Ne Shakuhachi, hört mal zu: (*„Kaito“* spielt die Flöte.)
In Japan wird Musik gemacht, dort flötet jedermann!

Chor: Das ist super, das ist stark! Wer hätte das gedacht?
Mit Shakuhachis wird in Japan cool Musik gemacht!

Rap-Gruppe 4: Hey, Brian, was hast du denn da? Komm, zeig uns das mal her!
Was spielst du für ein Instrument, ist das nicht irre schwer?

Rapper 4: Clapsticks sind das, hört mal zu: (*„Brian“* spielt die Clapsticks.)
In Australien wird Musik gemacht, die spielt dort jedermann!

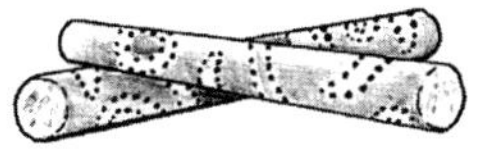

Chor: Das ist super, das ist stark! Wer hätte das gedacht?
Mit Clapsticks wird in Australien saugut Musik gemacht!

Wir sagen Tschüss (1) (ab 3 Jahren)

Hinweis:
Wer gern um die Welt reist, muss auch Abschied nehmen. Dieses kleine Lied mit den gesprochenen Stropheneinlagen gibt es in zwei Varianten:

Variante A:
Immer wieder muss „Tschüss" gesagt werden, wenn ein Einzelner oder mehrere die Kita, die Spielgruppe, den Bastelkreis ... verlassen, zum Beispiel, weil sie umziehen oder in die Schule kommen. Mit einer Träne im Auge, aber im Hinblick auf ein Wiedersehen, nehmen die Kinder Abschied von Menschen, die sie mögen.

Variante B:
Die Kita-Ferien stehen bevor und damit der Familienurlaub oder eine Reise zu den Großeltern oder ...
Wie auch immer: Alle Weltreisenden nehmen Abschied – und freuen sich auf ein Wiedersehen!

Die Instrumente (△ = Triangel, ▤ = Waschbrett, ◯ = Schellenkranz) können doppelt oder dreifach besetzt werden. Einsatz der Instrumente: siehe Kennzeichnung über dem Notenbild (S. 23).

Der Sprechchor (alle Kinder, die kein Instrument spielen) stellt sich wie eine Pyramide auf, aber nicht zu dicht hintereinander.
Bei den Worten „Tschüss, Tschüss, Tschüss" (s. Notenbild S. 23) winken alle Kinder des Sprechchors mit großen, weißen Taschentüchern.
Zwischen den Liedwiederholungen spricht der Chor folgende Strophen, die die Kinder vorher auswendig gelernt haben:

Variante A:

1.
Alle sind gekommen heut,
auch wenn der Abschied uns nicht freut.
Doch es ist Zeit, für dich zu geh'n,
wir werden uns ja wiederseh'n.

2.
Du brichst auf zu neuen Dingen,
sicher werden sie gelingen.
Ganz viel Neues hast du vor,
vergiss dabei nie den Humor.

3.
Willst du uns denn mal besuchen?
Sicher gibt es dann auch Kuchen.
Bleib uns treu, nun musst du geh'n,
wir freu'n uns auf ein Wiederseh'n.

Variante B:

1.
Alle sind versammelt heut,
die Zeit ist da, die uns so freut:
Wir werden auf die Reise geh'n
und viele ferne Länder seh'n.

2.
Ob Irland, Polen, USA,
die Koffer steh'n schon lange da.
Brasilien, Ghana – auch nicht schlecht,
Australien wär mir super recht!

3.
Wir fliegen, fahren oder wandern
von einem schönen Ort zum ander'n.
Zu Fuß, mit Auto oder Bus,
entlang an Berg und Tal und Fluss.

4.
Wir erkunden und entdecken
auf dieser Welt die schönsten Flecken.
Und kommen wir dann froh zurück,
seh'n wir uns wieder, welch ein Glück!

Wir sagen Tschüss (2) (ab 3 Jahren)

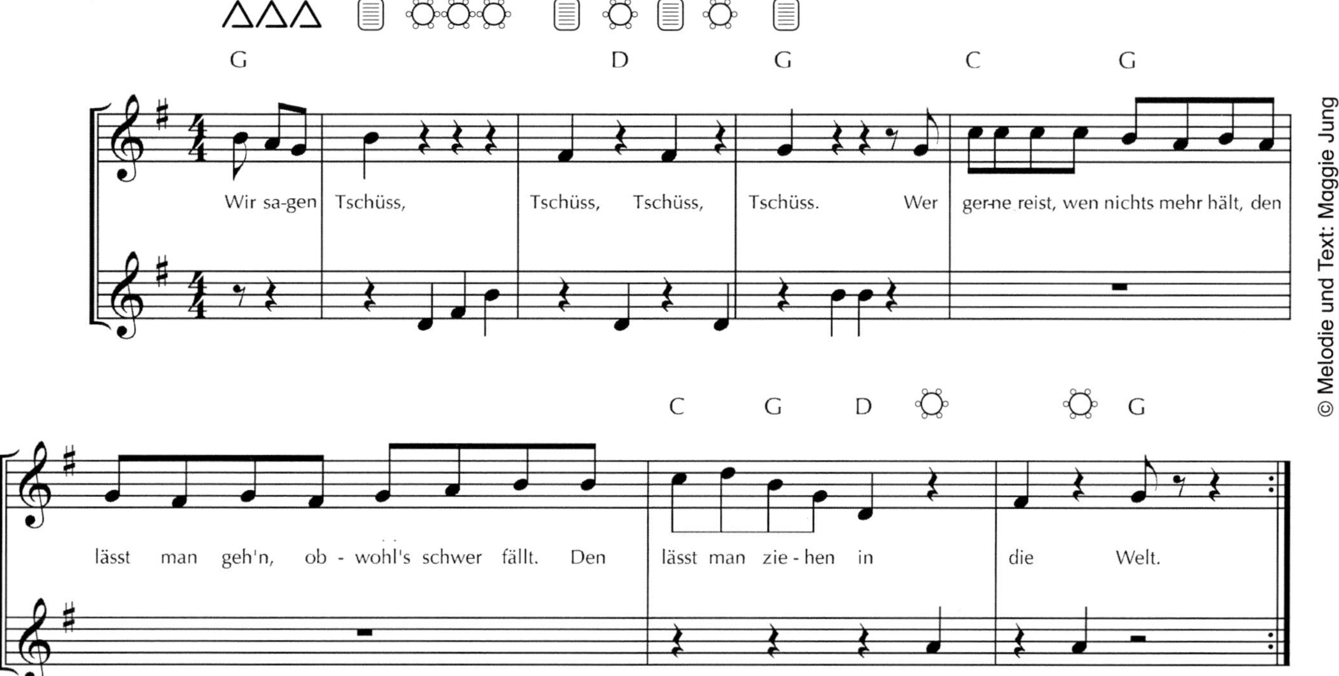

- Auf „Tschüss" mit einem Taschentuch winken (4 x).
- Bei „in die Welt" mit ausgestreckten Armen in eine Richtung zeigen.

Wir sind unterwegs – eine Collage (ab 3 Jahren)

Material:

Kopiervorlage „Verkehrsmittel" (s. S. 24), 1 weißes Plakat (Die Größe richtet sich nach dem vorhandenen Platz zum Aufhängen bzw. nach der Anzahl der Kinder, die diese Collage gestalten. **Tipp:** Statt eines teuer gekauften Plakats kann man auch Blätter eines ausgedienten, größeren Kalenders oder Bahnen einer unstrukturierten Tapete aneinanderkleben.), alte Kataloge, Prickelnadeln und Prickelunterlagen, Scheren, Bastelkleber, Wachsmalkreide

Arbeitsanleitung:

1. Jedes Kind wählt zwischen Auto, Flugzeug, Bus oder Schiff und prickelt oder schneidet (je nach Alter des Kindes) das Verkehrsmittel aus.
2. Nun wird in alten Katalogen geblättert und nach allerlei Utensilien gesucht, die mit auf die Reise gehen (Spielzeug, Kleidung etc.).
3. Nach Belieben prickeln / schneiden die Kinder die Sachen aus und kleben sie so auf ihre Verkehrsmittel-Vorlage, dass die ganze Fläche komplett bedeckt ist.
4. Wurde hier und da über den Rand der Vorlage hinausgeklebt, wird durch Wegprickeln / -schneiden nachgebessert.
5. Jedes Kind darf sein Verkehrsmittel auf dem großen Plakat anbringen. Eine besondere Wirkung erzielt man, wenn Autos, Flugzeuge, Busse und Schiffe jeweils zusammen (gruppenweise) auf dem Plakat platziert werden.
6. Haben alle Kinder ihr Bild auf das Plakat geklebt, kann man der Collage noch zusätzlich mit Wachsmalkreiden Akzente verleihen: Da und dort entstehen vielleicht noch ein paar Palmen, ein Gewässer, Wolken ...

Kopiervorlage „Verkehrsmittel“ (ab 3 Jahren)

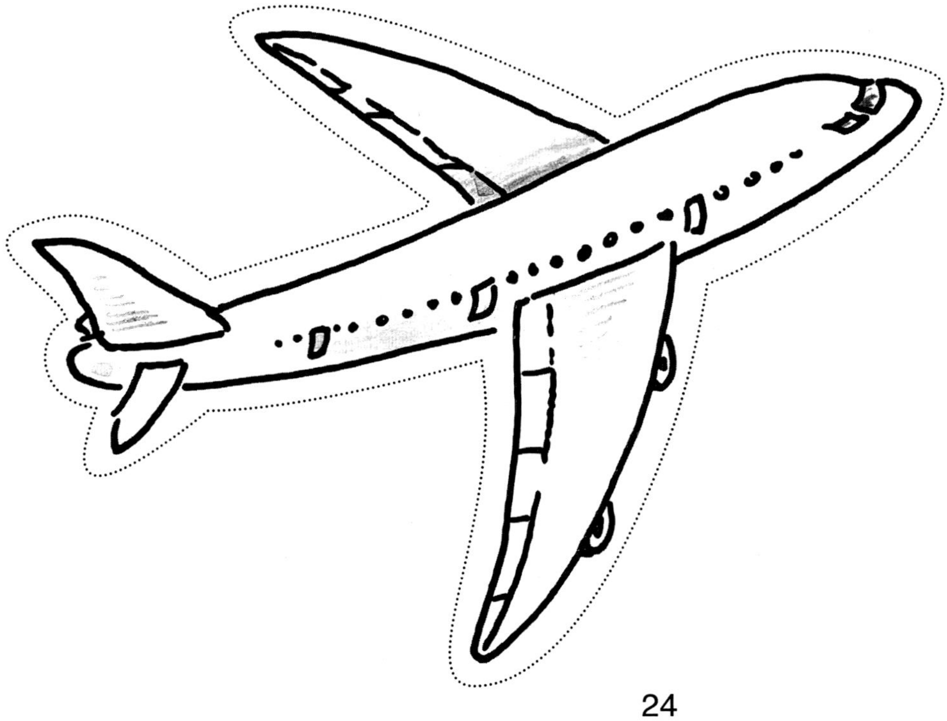

BVK • Maggie Jung: Kita aktiv „Projektmappe Reise um die Welt“

Eine runde Kugel – der Globus (ab 3 Jahren)

Material:
zunächst: Kleister, runde Luftballons (pro Kind 2 Stück einkalkulieren, da die Ballons leicht platzen), 1 Stapel alter Zeitungen, für je 2 Kinder 1 Schale sowie 1 stabilen, nicht zu hohen Joghurtbecher, evtl. dicke Borstenpinsel zum Kleistern, 1 Rolle Bindfaden, 1 Lappen (für die Hände), kleine Zettel
später: blaue Acrylfarbe, für je 2 Kinder einen Borstenpinsel (mindestens Nr. 12), für jedes Kind Kopien mit den Kontinenten (s. S. 26), Scheren, Buntstifte, Filzstifte, Nadel, pro Kind 1 Streichholz oder 1 Zahnstocher, Bastelkleber

Vorbereitung:
Kleister anrühren (kann in verschließbaren Gläsern oder im Eimer aufbewahrt werden). Die Arbeitstische abdecken und den Kleister in Joghurtbecher füllen. Pro Kind wird ein Luftballon aufgepustet (es empfiehlt sich ein Durchmesser von ca. 20 cm). Die Zeitungen reißen die Kinder in kleinere Schnipsel (in Schalen aufbewahren). Für die Hände einen Lappen bereitlegen.

Arbeitsanleitung:
1. Je zwei Kinder arbeiten als Team. Während Kind A den aufgeblasenen Luftballon festhält, bestreicht Kind B ihn rundum mit Kleister. Manche Kinder machen dies nicht gern mit den Händen und können einen Pinsel verwenden.
2. Danach beklebt Kind B seinen Ballon mit den Zeitungsschnipseln (es dürfen keine Lücken vorhanden sein; auch sollte nur eine möglichst kleine Öffnung von höchstens 1,5 cm am Luftballon-Knoten bleiben) und bestreicht diese wiederum mit einer Kleisterschicht. So sollten noch etwa drei lückenlose Zeitungs- und Kleisterschichten folgen. Die letzte Kleisterschicht sollte dünn und sehr gleichmäßig sein.
3. Die Erzieherin hilft den Kindern, einen Bindfaden an den Luftballon zu knoten und hängt ihn daran zum Trocknen auf. Nicht vergessen: kleinen Zettel mit Namen des Kindes am Bindfaden anbringen. Nun ist Kind A mit Kleistern dran.
4. Die Pappmaché-Ballons müssen (je nach Raumtemperatur und Dicke der Zeitungs- / Kleisterschichten) einige Tage bis hin zu einer Woche trocknen.
5. Während der Trocknungsphase kann weitergearbeitet werden: Die Kinder malen die Kontinente mit den Buntstiften in verschiedenen Farben an und schneiden sie entlang der gepunkteten Linien aus (ggf. Hilfestellung durch die Erzieherin).
   Hinweis: Ist der Durchmesser des Ballons größer als 20 cm, muss die Kopiervorlage von Seite 26 vergrößert kopiert werden.

6. Sind die Zeitungs-Kugeln getrocknet, werden die Ballons mit einer Nadel zerstochen, vom Pappmaché abgelöst und dieses mit Acrylfarbe blau angemalt.
7. Nun kleben die Kinder mit Bastelkleber die Kontinente auf ihre Kugeln (s. Anordnung der Kontinente auf der Weltkarte, S. 11). Dabei sollte sich die kleine Öffnung oben befinden. Damit sich die Kontinente besser an die Rundungen des Ballons anpassen lassen (vor allem, wenn der Durchmesser größer als 20 cm ist), kann man sie an den Seitenrändern (Bereiche zwischen den eigentlichen Außenrändern und den Konturlinien) mehrmals einschneiden.
8. An einen Bindfaden knotet man ein Streichholz (oder einen Zahnstocher), schiebt diesen in die Kugelöffnung hinein, wo er sich quersetzt. Nun kann der fertige Globus wieder an dem Bindfaden aufgehängt werden.

Viel Freude beim Gestalten!

Kopiervorlage „Eine runde Kugel – der Globus“

Eine japanische Blume (Origami) (ab 4 Jahren)

Material (pro Kind):
3 Origami-Faltblätter der Größe 15 x 15 cm, eines davon in der Farbe Grün (für den Stängel), die beiden anderen in zwei miteinander verwandten Farben, zum Beispiel in Rot und Rosa, Lila und Violett, Gelb und Orange (für die Blüte), Bastelkleber

Arbeitsanleitung:

1. Blüte / Faltblatt 1:
   Die Ecken C und D auf die Ecken A und B falten und wieder aufklappen; ebenso die Ecken A und C auf B und D legen und wieder aufklappen. Nun hat das Quadrat zwei Mittellinien (Kreuz) und somit einen Mittelpunkt.

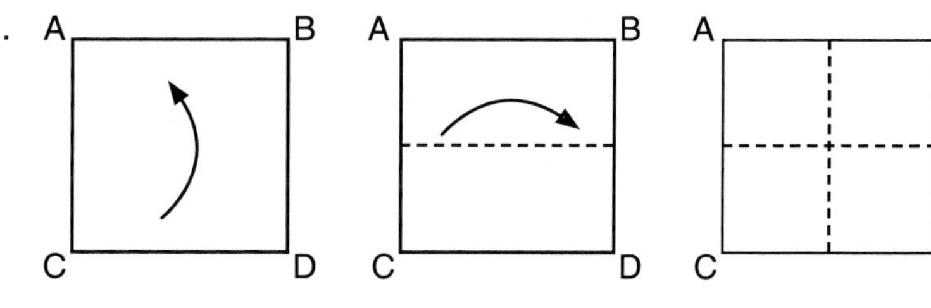

2. Alle Ecken (A, B, C, D) zu dieser Mitte hinfalten.

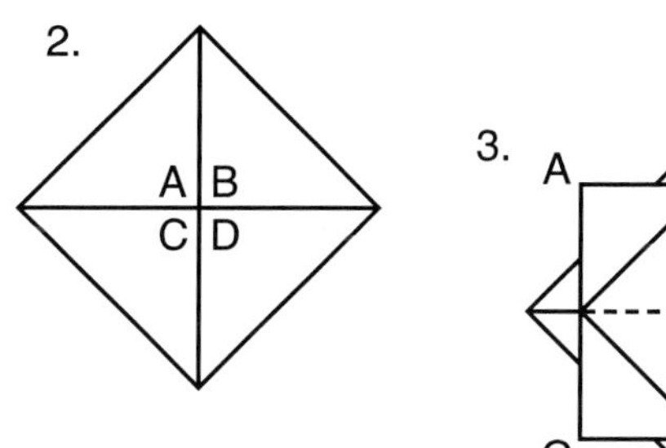

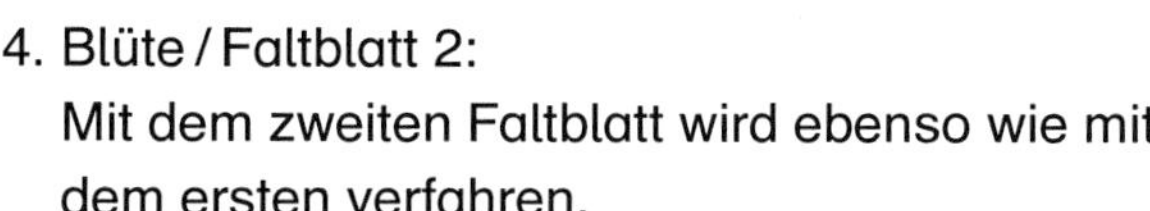

3. Nun klappt man die Ecken wieder zurück, aber nur zu zwei Dritteln, sodass ihre Spitzen über die jeweiligen Kanten hinausragen.

4. Blüte / Faltblatt 2:
   Mit dem zweiten Faltblatt wird ebenso wie mit dem ersten verfahren.

5. Stängel:
   Ecke D wird auf Ecke B gefaltet.

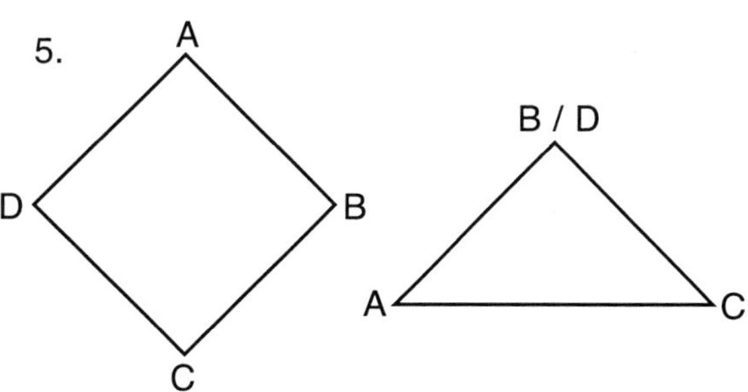

6. Nun faltet man das so entstandene Dreieck, indem man Kante E auf Kante F legt.

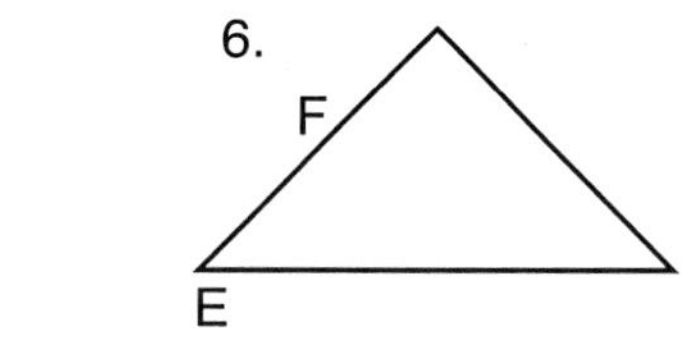

7. Die Ecke C wird nach unten schräg über die Kante G gefaltet.

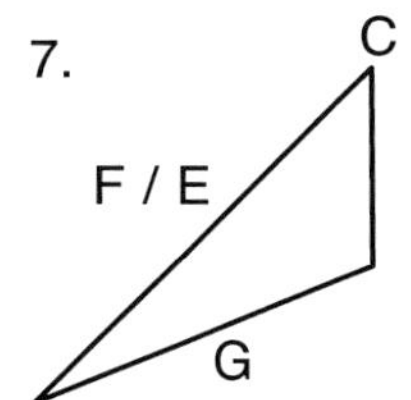

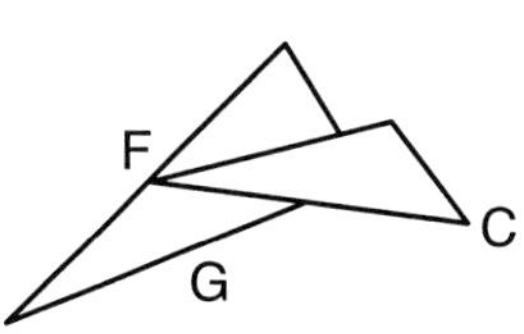

8. Die beiden Blüten werden so übereinandergeklebt, dass alle Blattspitzen zu sehen sind.

9. Zuletzt die zweifarbige Blüte an den grünen Stängel kleben.

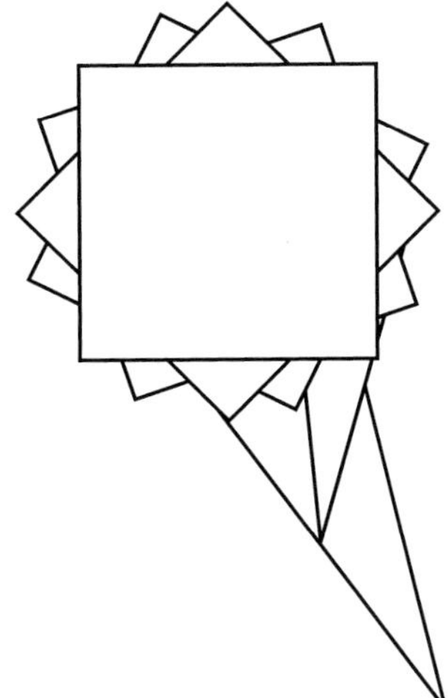

Hm, diese Blume duftet aber!
Welchen Namen gebe ich ihr?
Und ob ich sie wohl verschenken soll?

Instrumente aus aller Herren Länder (1)

Hinweis:
Die folgenden Instrumente können beim Instrumente-Rap (s. S. 21) eingesetzt werden. Am besten bilden je zwei Kinder ein Arbeitsteam, da gegenseitige Hilfe notwendig ist. Einige der Arbeitsschritte eignen sich auch bereits für die ganz Kleinen (z. B. das Bekleistern, Bemalen ...).

Afrikanische Trommeln

Material (pro Trommel):
1 runder, gesäuberter Eimer aus Karton (z. B. von Kartoffelchips; alternativ: große Blumentöpfe), Kleister, Kleisterschale, evtl. dicker Kleisterpinsel, 3 Bögen weißes Transparentpapier (größer als der Durchmesser des Kartoneimers), Reste von buntem Transparentpapier, helles Toilettenpapier (ohne Aufdruck), Farbkasten, Wasserbecher, Borstenpinsel (in beliebigen Stärken), Lappen (für die Hände)

Vorbereitungen:
Den Kleister früh genug anrühren und in eine Schale geben. Den Arbeitstisch abdecken und einen Lappen für die Hände bereitlegen. Befindet sich an dem Kartoneimer ein Griff, löst die Erzieherin diesen – gegebenenfalls mit einem Cuttermesser – komplett ab.

Arbeitsanleitung:
1. Während ein Kind den Kartoneimer gut festhält, legt das andere einen Bogen weißes Transparentpapier über die Öffnung und kleistert die Ränder an der Tonne fest. Dabei kann es die Hände oder einen Pinsel benutzen.
2. Die Oberfläche des Transparentpapiers wird eingekleistert und ein zweiter Bogen weißes Transparentpapier darübergelegt.
3. Dann folgt der dritte Bogen. Darauf achten, dass auch die Ränder gut mit Kleister an der Trommel festgestrichen werden.
4. Nun wird die Oberfläche der weißen Transparentbespannung mit bunten Transparentpapierresten verziert (mit Kleister aufkleben).
5. Die Außenseite der Trommel wird rundum eingekleistert und mit Toilettenpapier umwickelt, bis der Aufdruck des Eimers nicht mehr durchschimmert. (Evtl. zwischen den Toilettenpapierschichten nochmals Kleister auftragen.)
6. Mit Pinseln können nun bunte Farbkleckse auf das noch feuchte Toilettenpapier aufgetragen werden.

Achtung: Die Trommel sollte vor ihrem Gebrauch gut durchtrocknen.

Und los geht's mit coolen Rhythmen!

Instrumente aus aller Herren Länder (2)

Eine Harfe aus Irland

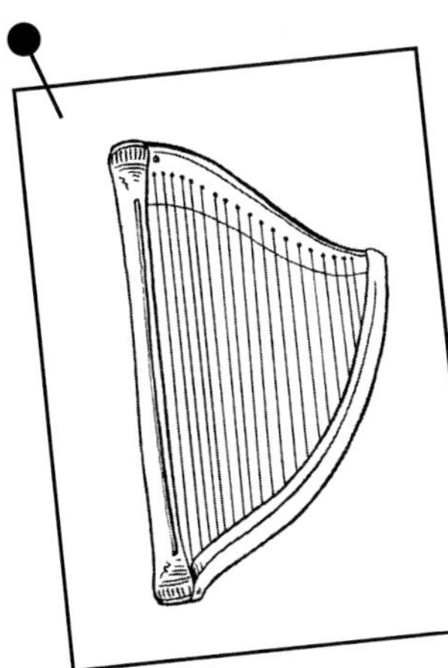

Material (pro Harfe):
Kopiervorlage „Harfe“ (s. S. 30), 1 leeren (Kinder-)Schuhkarton ohne Deckel, 6 große Gummis verschiedener Breite (z. B. Gummiringe, Einmachglasgummis), 1 Schere, Tonkarton in beliebiger Farbe (ca. DIN A3), 1 Bleistift, Bastelkleber

Arbeitsanleitung:

1. Die Gummis werden im Abstand von ca. 1 cm (je nach Breite des Schuhkartons) über die Längsseite des Schuhkartons gespannt.
2. Die Harfenvorlage ausschneiden, auf den Tonkarton legen und den Umriss mit Bleistift aufzeichnen.
3. Dann die vorgezeichnete Harfe aus dem Tonkarton ausschneiden und auf die Rückseite des Schuhkartons kleben (s. Abb. rechts).

Pling-pling, dudeldei ...!

Die Shakuhachi kommt aus Japan

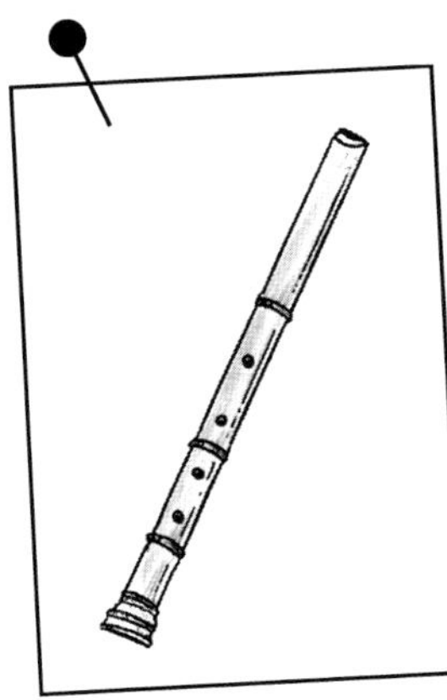

Material (pro Shakuhachi):
1 dünne (!) Papprolle (ca. 30 cm lang, Ø ca. 2 – 3 cm), Geschenkpapierreste, 1 Schale, evtl. 1 Schere, Kleisterrest, 1 Kleisterschale, evtl. 1 Borstenpinsel (zum Kleistern), 1 Handbohrer, evtl. 1 Bleistift

Vorbereitungen:
Früh genug Ausschau halten nach der Papprolle. Am besten eignet sich hier die Innenrolle von Küchenklarsichtfolie, denn die Küchenkrepprollen sind im Durchmesser zu dick und nicht fest genug. Den Kleisterrest (von anderen Bastelarbeiten) in eine Schale füllen.

Arbeitsanleitung:

1. Die Geschenkpapierreste werden in möglichst kleine Schnipsel gerissen oder geschnitten und in eine Schale gelegt.
2. Stück für Stück wird die Papprolle mit Kleister versehen; die Papierschnipsel werden kunterbunt daraufgeklebt.
3. Danach nochmals eine dünne Kleisterschicht über die Papierdekoration auftragen.
4. Nach dem Trocknen werden fünf Löcher im Abstand von ca. 1 cm mittels Handbohrer (Erzieherin – oder ein größeres Kind zusammen mit der Erzieherin) in die Papprolle gebohrt. Diese Löcher können mit Hilfe eines Bleistifts noch nachgebessert, das heißt vergrößert, werden.

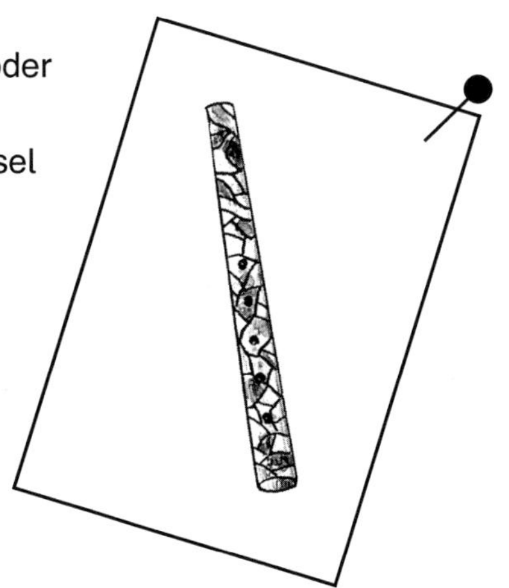

Tödeldi-tödeldei ...!

Kopiervorlage „Harfe“

(Harfe bitte auf ca. DIN A3 (144%) hochkopieren.)

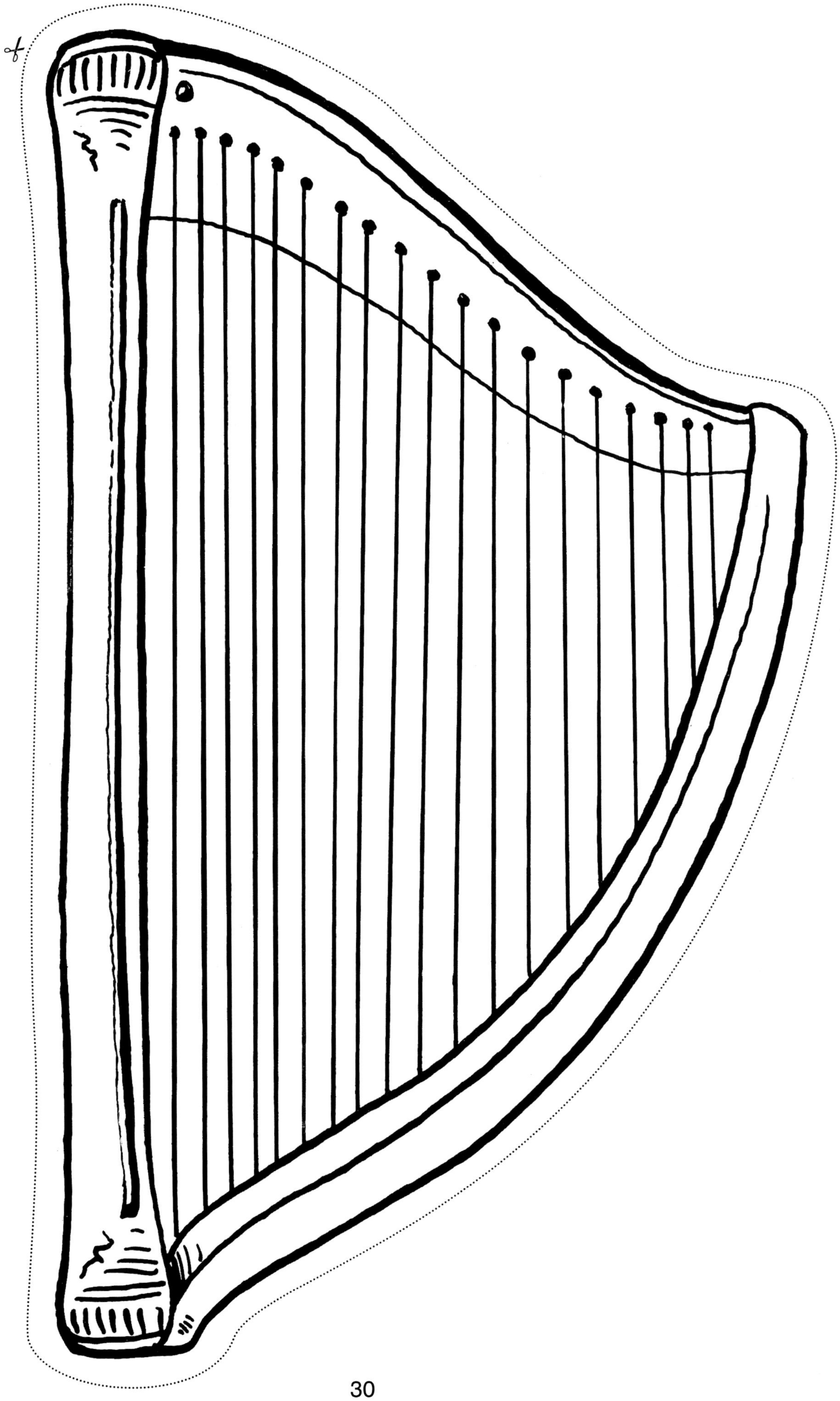

Instrumente aus aller Herren Länder (3)

Clapsticks – australische Klanghölzer

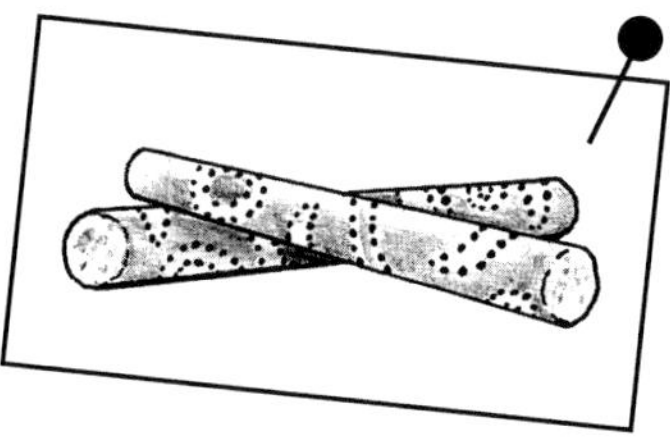

Material (pro Paar):
2 Holzkochlöffel mit möglichst dickem Stiel, evtl. 1 Säge, evtl. 1Holzfeile, Acrylfarben (in Erdtönen wie Braun, Gelb, Orange ...), Schälchen, Haarpinsel Nr. 2 und 3, Borstenpinsel Nr. 2, alte Zeitungen, Lappen (für die Hände), Bastellack, evtl. 1 Bleistift

Vorbereitungen:
Von den Kochlöffeln evtl. die runden Löffelschalen absägen (das kann vielleicht ein Vater übernehmen) und die Schnittstellen glatt feilen. Wer mag, kann die Kochlöffel aber auch unversehrt lassen, sodass die Löffelschalen später als Griffe dienen. Den Arbeitstisch mit Zeitungen abdecken und die Farben in Schälchen füllen.

Arbeitsanleitung:
Die Kochlöffelstiele – und evtl. auch die Löffelschalen – werden mit traditionellen Mustern der Aborigines bemalt und betupft. Bei jüngeren Kindern kann die Erzieherin dazu mit Bleistift die Motive vorzeichnen. Für die Kochlöffelstiele, die einen geringen Durchmesser haben, eignen sich eher kleine, runde Muster (s. Abb. 1).

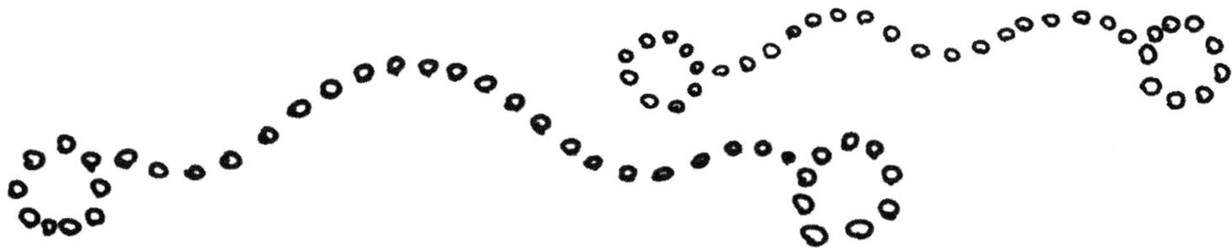

Abb. 1

Werden auch die Löffelschalen bemalt, kann man größere traditionelle Motive dafür auswählen (s. Abb. 2).

Abb. 2

Fertig sind echte australische Clapsticks! Klock-kli-klock ...

Glücksbringer-Püppchen aus Europa (ab 5 Jahren)

Material:
Kartonreste, dünne rote und weiße Wolle, evtl. 1 Stopfnadel

Arbeitsanleitung „Mädchen":

1. Aus einem Kartonrest schneidet man sich eine „Woll-Wickelhilfe" zurecht: ein Rechteck in der Größe von 10 x 5 cm.
2. Die Längsseite der „Woll-Wickelhilfe" umwickelt man ca. 15 – 20 Mal mit roter Wolle.
3. Vorsichtig wird die Wolle von dem Karton geschoben und am oberen Ende mit einem weiteren kleinen roten Wollfaden zusammengebunden (Kopf).
4. Am unteren Ende schneidet man die gewickelten Wollfäden auseinander. So entsteht ein Körper mit einem Kopf.
5. Die Breitseite der „Woll-Wickelhilfe" umwickelt man ca. 10 Mal mit weißer Wolle, schiebt sie von dem Karton und bindet beide Enden mit ebenfalls weißen Wollfäden ab (Hände).
6. Die so entstandenen Arme / Hände legt man zwischen die roten Wollfäden unterhalb des Kopfes und bindet den Körper erneut unterhalb der Arme mit einem roten Faden ab.
7. Die Wollfäden unterhalb der Arme kann man leicht auseinanderziehen, dann hat das Mädchen einen weiten Rock.

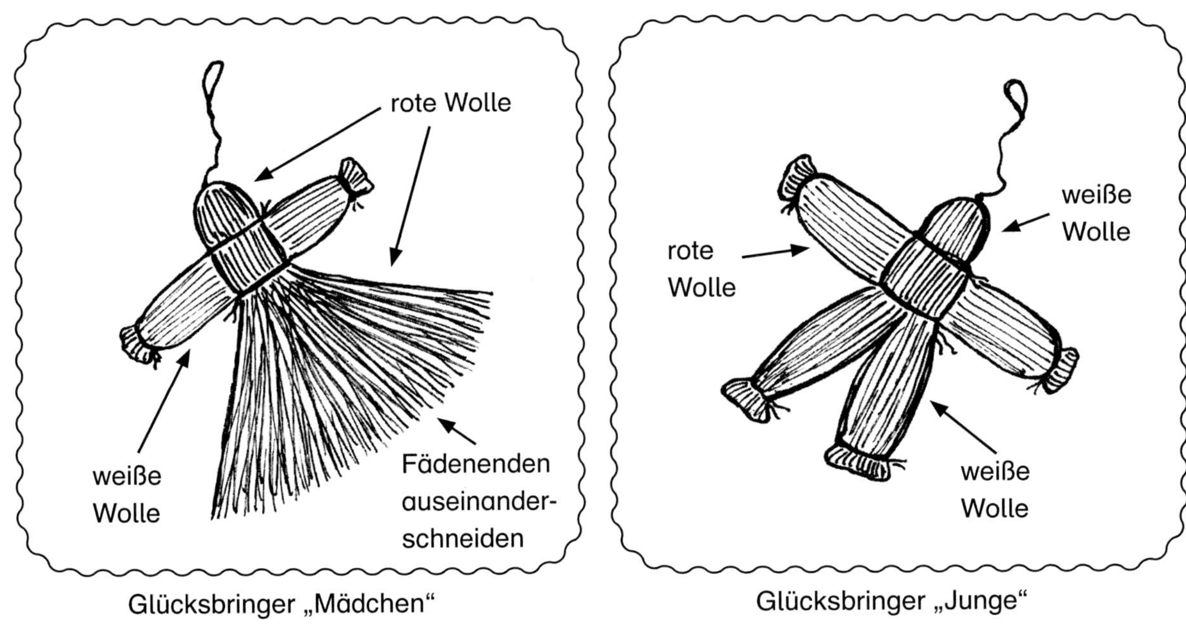

Glücksbringer „Mädchen"

Glücksbringer „Junge"

Arbeitsanleitung „Junge":

1. Die Arbeitsschritte 1 bis 6 sind die gleichen wie beim Mädchen, nur dass die Farben vertauscht werden: Der Körper wird mit weißer Wolle gewickelt, die Arme mit roter Wolle.
   Dann geht es weiter mit Schritt 7:
7. Die Wollfäden unterhalb der Arme werden in der Mitte geteilt und die Fäden an den unteren Enden jeweils abgebunden (Füße). So erhält der Junge eine Hose.

Wer mag, kann mit einer Stopfnadel einen roten bzw. weißen Faden durch den Kopf seines Glücksbringers ziehen und verknoten. Dann kann das Püppchen auch an der Gürtelschlaufe, an der Kita-Tasche, am Fenster oder am Türrahmen befestigt werden.

Tipp:
Die Püppchen sind auch ein schönes Geschenk zu Muttertag, Ostern, Geburtstagen ...

Tiere aus aller Welt (1) (ab 3 Jahren)

Vorbereitung zum Basteln der Tiere:
Rechtzeitig genügend unbedruckte Toilettenpapierrollen sammeln und Wackelaugen (alle Ø ca. 8 mm) im Bastelgeschäft besorgen.

Pingolo – ein stolzer Mann im Frack

Material (pro Pingolo):
Kopiervorlage „Pinguin" (s. S. 36), 1 unbedruckte Toilettenpapierrolle,
1 Bleistift, 1 schwarzer, 1 orangefarbener und 1 weißer Buntstift,
1 Schere, Bastelkleber, 2 Wackelaugen (Ø ca. 8 mm)

Arbeitsanleitung:

1. Für Pingolos Körper wird die Papierrolle bis auf einen ovalen Kreis an der Vorderseite (evtl. kann die Erzieherin vorher mit Bleistift eine Markierung einzeichnen) schwarz angemalt, der Kreis wird so belassen oder mit einem weißen Tafelstift angemalt.
2. Die zwei Schnabelteile werden beidseitig orange, die Flügel, die Füße und die Kopfoberseite schwarz angemalt.
3. Nun werden alle Teile sorgfältig ausgeschnitten. Bei dem Fußteil müssen auch die Laschen an den Klebeflächen (Strichlinie) vorsichtig eingeschnitten werden.
4. Die Schnabelteile werden bis zur gestrichelten Linie jeweils an die Papierrolle angeklebt und leicht nach oben bzw. unten geknickt.
5. Auch die Flügel werden jeweils bis zur gestrichelten Linie an Pingolos Körper geklebt und leicht nach außen gebogen.
6. Nun werden die Füße angebracht: Dazu klebt man die Laschen an die Innenseite der Papierrolle (s. Abb. rechts u.).
7. Genauso verfährt man mit der Kopfoberseite.
8. Dann nur noch die beweglichen Augen aufkleben, die den Pinguin zum Leben erwecken.

Jetzt kann Pingolo loswatscheln!

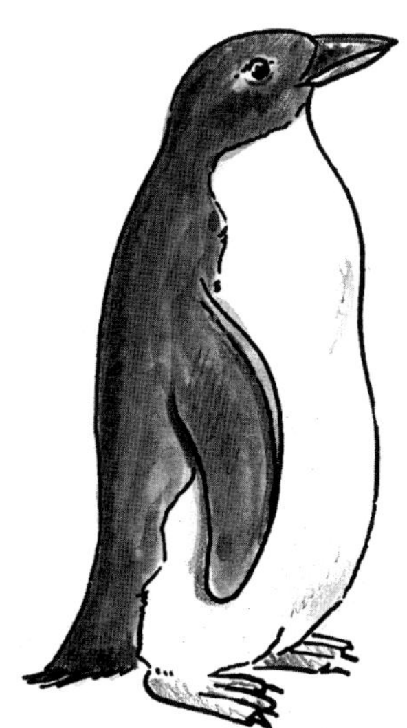

Tiere aus aller Welt (2) (ab 3 Jahren)

Jumbolino – der lustige Elefant

Material (pro Jumbolino):
Kopiervorlage „Elefant“ (s. S. 36), 1 unbedruckte Toilettenpapierrolle, 1 Bleistift, 1 grauer Buntstift (oder evtl. braun), 10 cm langes Baststück in Grau (oder Braun), 1 Schere, Bastelkleber, 2 Wackelaugen (Ø ca. 8 mm)

Arbeitsanleitung:

1. Zunächst wird Jumbolinos Rumpf grau (oder braun) angemalt, ebenso die zwei Ohren, die vier Beine, der Rüssel und die „Kopfvorderseite“.
2. Alle Teile werden sorgfältig ausgeschnitten, dabei die Laschen der Ohren an den Markierungen und die Laschen der „Kopfvorderseite“ einschneiden.
3. Die beiden Ohren werden jeweils an der Rollenoberseite angeklebt (s. Abb. u.).
4. Die vier Beine werden so am Rumpf angebracht, dass sie etwas über die Rollenunterseite hinausragen, aber gleichmäßig abschließen (s. Abb. u.).
5. Die Laschen der „Kopfvorderseite“ knicken und in die vordere Rollenöffnung hineinkleben.
6. Der Rüssel wird etwa in der Mitte der „Kopfvorderseite“ angebracht.
7. Der Schwanz aus Bast wird an der oberen Rolleninnenseite angeklebt. Die unteren 1 – 2 cm des Bastes kann man leicht auseinanderziehen.
8. Nun fehlen nur noch die Augen. Sie werden etwa auf Höhe des Ohransatzes, aber vorn über dem Rüssel angeklebt.

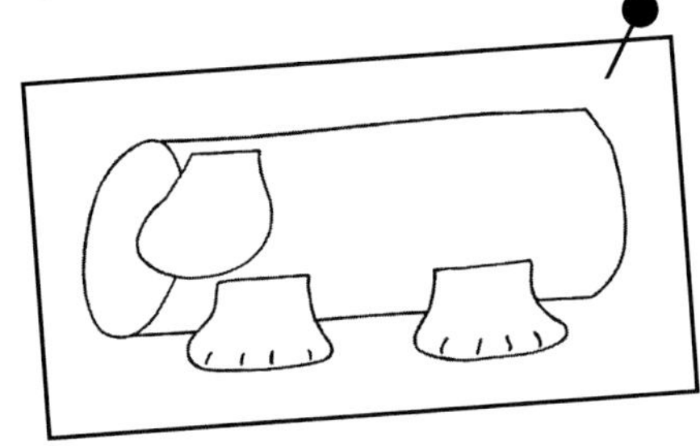

Töröö! Alle mir nach!

Tiere aus aller Welt (3) (ab 3 Jahren)

Schnurrillius – die freche Wildkatze

Material (pro Schnurrillius):
Kopiervorlage „Wildkatze“ (s. S. 37), 1 unbedruckte Toilettenpapierrolle, Buntstifte in Orange, Braun und Beige, 1 Schere, Bastelkleber, Bastreste (z. B. in Grau, Schwarz oder Beige), 1 Lineal, 2 Wackelaugen (Ø ca. 8 mm)

Arbeitsanleitung:

1. Schnurrillius' Körper (= die Toilettenpapierrolle) wird in Orange-, Beige- und Brauntönen angemalt. Die Ohren, die Kopfoberseite und die Tatzen erhalten die gleichen Farbtöne.
2. Alle Teile werden sorgfältig ausgeschnitten; die Laschen dabei an den gestrichelten Linien einschneiden.
3. Die Tatzen werden an der Körperunterseite (s. Abb. links) angebracht, indem man die Laschen an der Rolleninnenseite anklebt. Ebenso wird die Kopfoberseite mit den Ohren befestigt.
4. Aus Bastresten acht Stücke von etwa 10 cm Länge abschneiden und sich kreuzend als Schnurrbart an die vorgesehene Stelle kleben. Für den Schwanz ein ca. 15 cm langes Baststück an der hinteren Rolleninnenseite ankleben.
5. Am oberen Ende des Schwanzes kann man den Bast vorsichtig etwas auseinanderziehen, damit der Schwanz breiter wird. Die Wackelaugen befestigen – fertig!

Achtung! Schnurrillius ist ganz schön wild!

BVK • Maggie Jung: Kita aktiv „Projektmappe Reise um die Welt“

Tiere aus aller Welt (4) (ab 3 Jahren)

Kängurinata mit Kängulina – eine Kängurumama und ihr Nachwuchs

Material (pro Kängurinata mit Kängulina):
Kopiervorlage „Känguru“ (s. S. 37), 1 unbedruckte Toilettenpapierrolle, Buntstifte in Grau, Braun und Beige, 1 Schere, Bastelkleber, Bastreste in Beige, 1 Bleistift, 2 Wackelaugen (Ø ca. 8 mm)

Arbeitsanleitung:

1. Kängurinatas Körper (= Toilettenpapierrolle) wird braun-beige angemalt.
2. Die Beine mit den Füßen, die Arme, die Kopfoberseite mit Ohren, der Schwanz und die „Bauchtasche“ erhalten den gleichen Farbton.
3. Die kleine Kängulina wird grau angemalt.
4. Anschließend alle Teile sorgfältig ausschneiden.
5. Der schraffierte Bereich bei Kängulina wird an die Rückseite der „Bauchtasche“ geklebt.
6. An der Rückseite der „Bauchtasche“ wird am unteren Rand und an den Außenrändern Kleber aufgetragen. Die Tasche mit Kängulina nun an Kängurinatas Bauch ankleben (s. Abb. u.).
7. Dann wird die Kopfoberseite mit den Ohren befestigt. Dazu die Laschen an der gepunkteten Linie einschneiden und an der Innenseite der Rolle ankleben.
8. Die Beine werden an den Körperseiten Kängurinatas befestigt. Dabei so hoch ansetzen (s. Markierung in der Abb.), dass die Füße beim Aufstellen der Rolle den Tisch kaum berühren.
9. Die Arme werden direkt oberhalb der Beine angeklebt.
10. Für die Barthaare schneidet man vier 10 cm lange Stücke aus Bast und klebt sie – sich kreuzend – in Kängurinatas Gesicht.
11. Der Schwanz wird mit der schraffierten Lasche an der Innenseite der Rolle befestigt. Damit er sich nach außen wölbt, kann man ihn vorsichtig um einen Bleistift drehen und wieder lösen.
12. Die beweglichen Augen hauchen Kängurinata Leben ein.

Und ab geht die Post mit Riesensprüngen! Huiii!

Kopiervorlage „Pinguin“

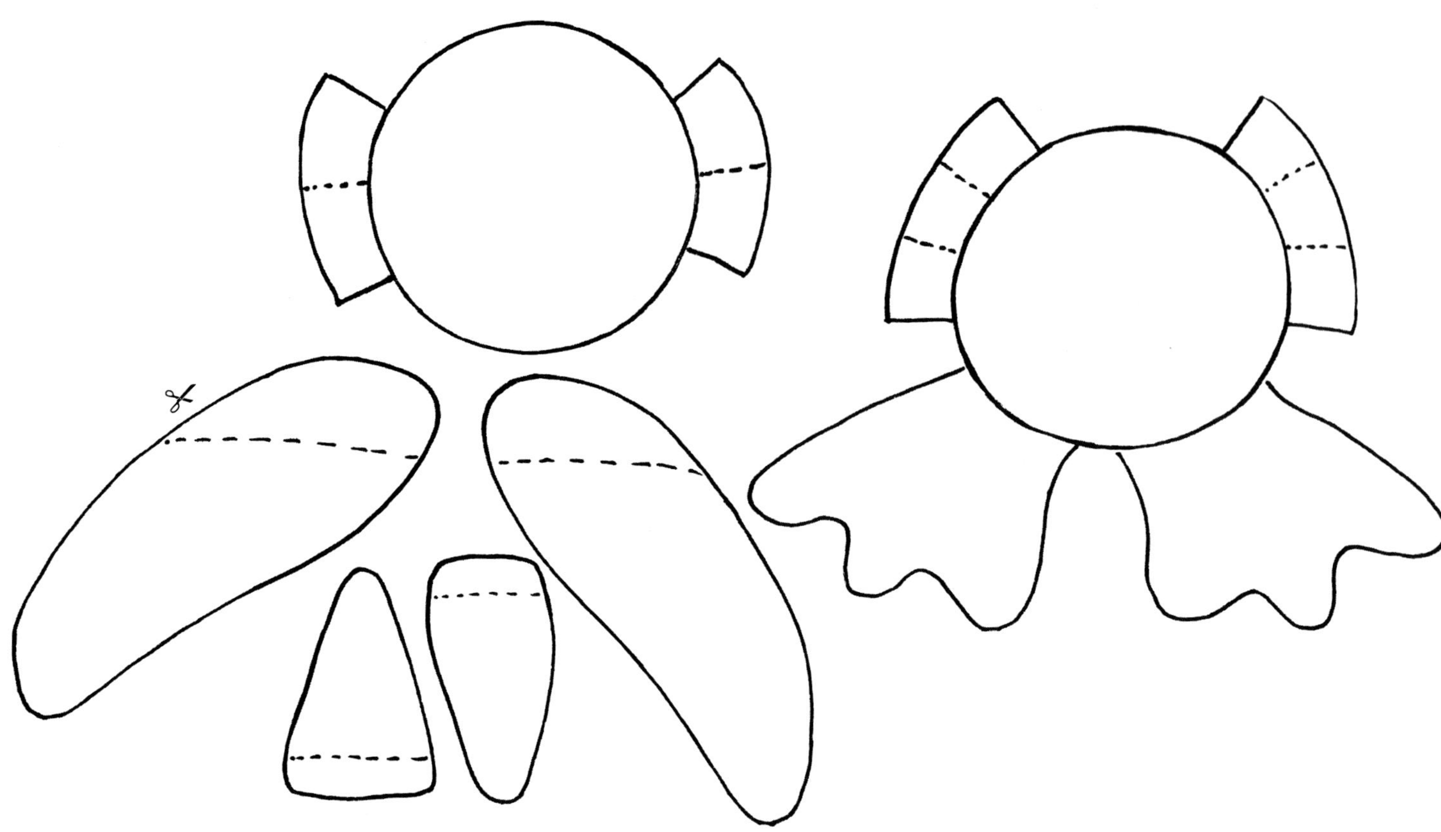

Kopiervorlage „Elefant“

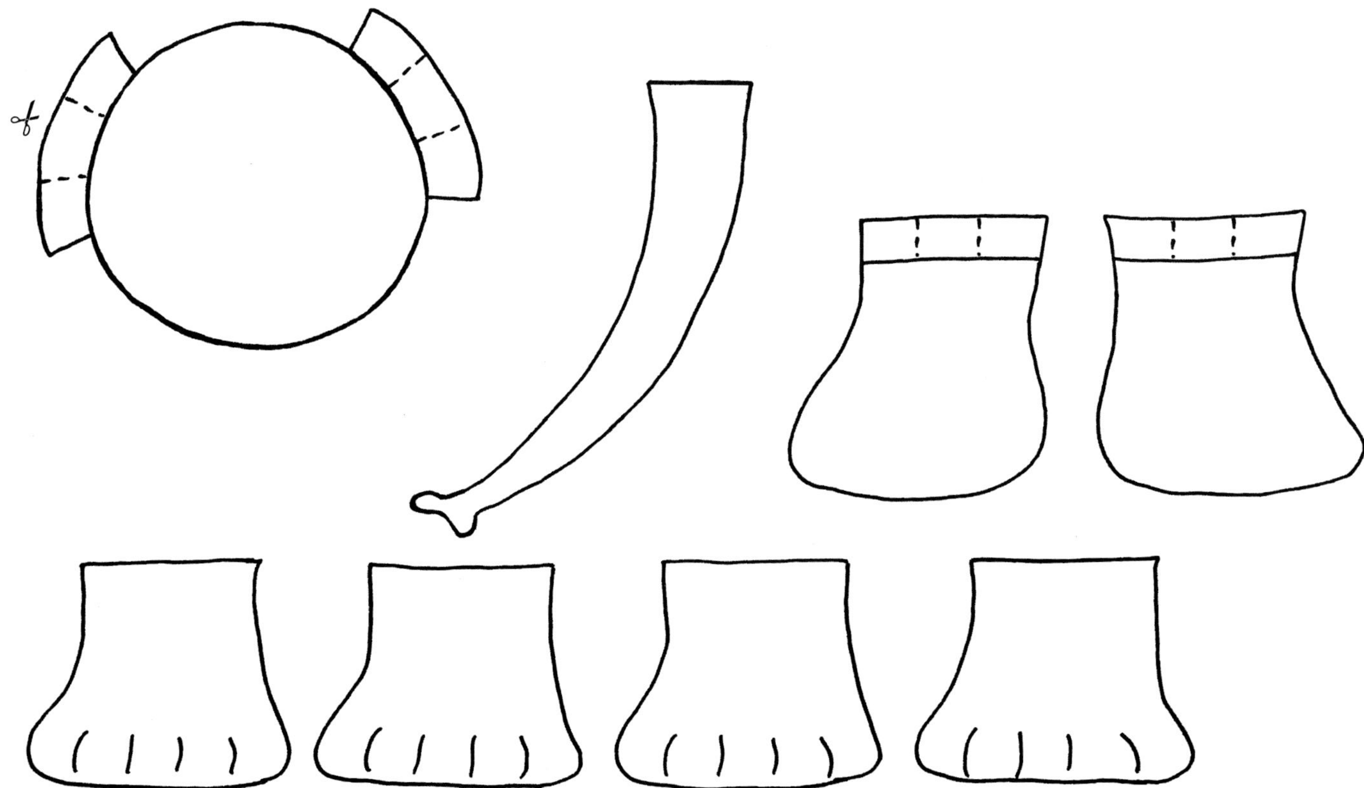

Kopiervorlage „Wildkatze“

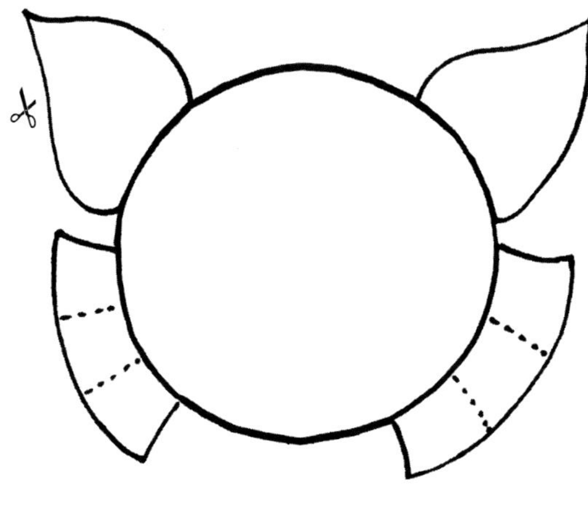

Kopiervorlage „Känguru“

Wir bauen Mais an wie in den USA! (ab 3 Jahren)

Hinweis:

Damit der Mais auch wirklich gedeiht, sollten die Anbaubedingungen unbedingt eingehalten werden (s. Arbeitsanleitung). Bitte beachten Sie auch, dass die Versorgung der Pflanzen an den Wochenenden und in den Ferien gewährleistet ist. Eventuell sind hier Eltern bereit auszuhelfen. Steht der Kita ein freies Gartenbeet zur Verfügung, kann dieses genutzt werden. Statt der Pflanzgefäße kann natürlich auch ein Gartenbeet angelegt werden.
Das Angebot eignet sich sehr gut als Eltern-Kind-Aktion. Vielleicht lässt sich ja zusätzlich ein freundlicher Gärtner in der Nähe finden, der bereit ist, die Maisanzucht zu begleiten und zu unterstützen?

Material:
Gartenhandschuhe mit längeren Ärmeln, pro Pflanze ein Pflanzgefäß (10 l) mit lockerer und durchlässiger Erde (oder ein Gartenbeet in geeigneter Lage), natürlicher Dünger (z. B. Kompost oder Brennnesseljauche), Maissaat (aus der Gärtnerei, z. B. Perlmais), Vlies (Größe der Pflanzgefäße beachten), Gießkannen, kleine Harken, Mulch oder Schnittgras, sonniger Standort bzw. sonnige Lage (Beet)

Vorbereitung:
Einige Wochen vor der Maisaussaat (nicht vor Mitte Mai) – also Anfang / Mitte April – sollte man natürlichen Kompost unter die Erde mischen, damit diese nährstoffreich genug ist und der Mais auch wirklich gedeihen kann.
Vor dem Aussäen sollten die Körner 8 – 10 Stunden in lauwarmes Wasser gelegt werden, damit sie besser keimen.

Arbeitsanleitung:
1. Pro Pflanzgefäß wird nur ein Maiskorn in etwa 4 – 5 cm Tiefe eingebracht und zwar mit der schmaleren, „offenen" Seite nach unten. Bei der Beetbepflanzung sollte ein seitlicher Abstand von gut 40 cm eingehalten werden.
2. Die Saat angießen (das Wasser sollte am besten von der Sonne angewärmt sein) und mit Vlies abdecken.
3. Die Erde regelmäßig mit einer kleinen Harke vorsichtig lockern. Der Boden sollte nie fest werden.
4. Ist die Maispflanze durch die Erdoberschicht gebrochen, kann man die Erde mit Mulch oder Schnittgras abdecken, um eine Austrocknung des Bodens zu verhindern.
5. Regelmäßiges Gießen nicht vergessen!
6. Bewirtschaften die Kinder ein Beet, müssen sie immer wieder kontrollieren, ob andere, schnell wachsende Pflanzen dem Mais auch wirklich kein Sonnenlicht stehlen.
7. Geerntet werden kann in der Regel Ende Juli, Anfang August.
8. Möchte man Saatgut für das kommende Jahr haben, lässt man einen Kolben bis zum Herbst weiterreifen. Der Maiskolben wird zum Trocknen aufgehängt, dann können die Körner gelöst und – ebenfalls trocken – aufbewahrt werden.

Den Mais genießen:
Die Blätter werden von den Maiskolben gelöst. Vielleicht möchten die Kinder zunächst den rohen Mais probieren, bevor er gekocht wird? Sie können dazu einige Körner aus den Kolben herauslösen.
Leicht gesalzenes Wasser wird zum Kochen gebracht und die ganzen Maiskolben werden hineingegeben. Bei schwacher Hitze sollten sie ca. 12 – 15 Minuten ziehen. Dann werden die Kolben mit einem Schöpflöffel aus dem Topf geholt – gut abtropfen lassen.
Die Körner werden mit Hilfe eines Messers vorsichtig gelöst und auf die Teller gegeben. Etwas Butter hinzufügen. Oder: Den ganzen Maiskolben mit Butter bestreichen und hineinbeißen!

Hmmm! Frisch aus eigener Ernte! Wer hat das schon?!

Wo leben die Tiere? (ab 4 Jahren)

✂ Schneide die Tiere aus und klebe sie in ihren Lebensraum!

In den sechs Tierbildern sind kleine Symbole versteckt. Wenn du genau hinschaust, kannst du sie in den sechs Lebensraum-Karten (Kopiervorlage „Lebensräume“, S. 40 – 41) wiederentdecken. Somit helfen dir die Symbole, den Tukan, den Grizzlybären, das Kamel, den Delfin, den Pinguin und den Alpensteinbock richtig zuzuordnen.

Kopiervorlage „Lebensräume“ (1) (ab 4 Jahren)

Kopiervorlage „Lebensräume“ (2) (ab 4 Jahren)

Erde-Quartett (ab 4 Jahren)

Material:
Kopiervorlagen „Erde-Quartett“ (s. S. 43–44), Buntstifte, 1 Schere, Bastelkleber, Tonkarton, Laminiergerät und Laminierfolie oder Selbstklebefolie

Arbeitsanleitung:

1. Die Motive der Quartettkarten werden mit Buntstiften angemalt. Bitte beachten:
   Die kleinen Kontinenten-Symbole in den oberen linken Kartenecken erhalten dabei die Farben wie folgt:

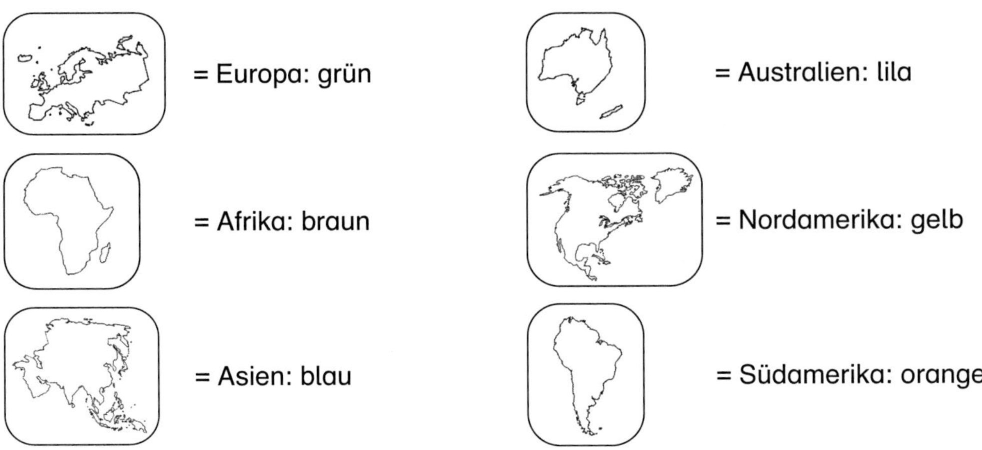

2. Die angemalten Papierausdrucke werden auf Tonkarton geklebt.
3. Nun kann man die Karten (24 Stück) sorgfältig ausschneiden.
4. Anschließend werden sie laminiert oder mit Selbstklebefolie versehen.

Spielanleitung:
Es sollten drei, vier, sechs oder acht Spieler teilnehmen, um die Karten gleichmäßig aufteilen zu können. Ziel des Spiels ist es, Quartette zu „sammeln“ (s. Spielende A und Spielende B). An den fett hervorgehobenen Symbolen (Tier, Haus, Baum oder Kind) erkennen die Kinder, welche Karte eines Quartetts (Farben Grün, Braun, Blau, Lila, Gelb oder Orange) sie bereits besitzen.

1. Die Karten werden gemischt und an die Mitspielenden verteilt.
2. Derjenige, der zuletzt verreist ist (oder: ... der noch nie verreist ist), beginnt und fragt einen Mitspieler nach einer bestimmten Karte, welche ihm zur Vervollständigung eines Quartetts nützen könnte. Zum Beispiel: „Max, hast du die Karte *Blau – Baum?*“ oder: „Lisa, hast du die Karte *Orange – Kind?*“
3. Hat der gefragte Mitspieler die Karte, muss er sie hergeben und der „Kartenforderer“ darf erneut nach einer bestimmten Karte fragen.
4. Sobald ein Mitspieler eine Karte nicht besitzt, ist das nächste Kind mit Fragen an der Reihe.
5. Hat ein Kind ein vollständiges Quartett, legt es dieses offen vor sich hin.
6. *Spielende A:* Der Spieler, der zuerst keine Karten mehr hat (sie sozusagen für die fertigen Quartette „verbraucht“ hat), ist Sieger.
   Spielende B: Ein Spieler, der keine Karten mehr hat, scheidet aus; die anderen spielen noch weiter. Derjenige, der – nach Aufbrauchen aller Karten – die meisten Quartette vor sich liegen hat, ist Sieger.

Kopiervorlage „Erde-Quartett“ (1) (ab 4 Jahren)

(Bitte vergrößert kopieren (144%).)

Kopiervorlage „Erde-Quartett“ (2) (ab 4 Jahren)

(Bitte vergrößert kopieren (144%).)

Chokky Rocks aus Australien – ace! (ab 3 Jahren)

Zutaten (für 1 Blech):
250 g Margarine, 180 g brauner Zucker, 2 Eier (von freilaufenden Hühnern), 1 Päckchen Orangenzucker (gekauft oder unbehandelte Orangenschale einige Tage mit Zucker vermischt in ein geschlossenes Glas geben), 350 g Mehl (Type 1050), ½ Päckchen Backpulver, 100 g gekühlte Vollmilch-Schokolade, 250 g Vollkornflakes, evtl. Rosinen

Arbeitsmittel:
Ofen, Backblech, Backpapier, Küchenreibe, Teller, sauberes Küchentuch, Nudelholz, Rührschüssel, Handrührgerät, Tasse, Holzlöffel, Teelöffel, Backhandschuhe, Kuchengitter

Zubereitung:
- Den Ofen auf 160 °C (Umluft 130 °C) vorheizen, das Backblech mit Backpapier auslegen.
- Die Schokolade über einem Teller kleinraspeln.
- Die Vollkornflakes in ein sauberes Küchentuch einschlagen und leicht mit einem Nudelholz zerbröseln.
- Mehl, Backpulver, Margarine, Zucker und Orangenzucker in eine Schüssel geben und vermischen.
- Die Eier über einer Tasse aufschlagen, nach und nach hinzugeben und mit dem Handrührer verrühren.
- Die Schokoladenstückchen vorsichtig mit einem Holzlöffel unter die Masse heben.
- Zuletzt die Vollkornflakes mit dem Holzlöffel unterheben. Eventuell Rosinen hinzufügen.
- Mit Hilfe der Teelöffel kleine Häufchen auf das Backblech setzen und sie vorsichtig etwas plattdrücken.
- Ca. 10 Minuten backen, evtl. in der Nachwärme noch 3 – 5 Minuten im Ofen lassen. Die fertigen Kekse auf einem Kuchengitter abkühlen lassen. Yummy!

Kheere ka Raita aus Indien – Gurkensalat mit Quark (ab 4 Jahren)

Zutaten:
1 kleine Salatgurke, 2 Knoblauchzehen, 500 g Quark, 150 g Sauerrahm, ¼ l Milch, 1 EL Olivenöl, Kreuzkümmel (gemahlen), 2 Äste frische Minze oder 2 TL getrocknete Minze, Salz, Pfeffer

Arbeitsmittel:
Sparschäler, Schneidebretter, mehrere kleine Küchenmesser, evtl. 1 Gemüsereibe, Knoblauchpresse, Teller, Schüssel, Teigschaber, Messbecher, Rührbesen, Esslöffel, 1 Teelöffel

Zubereitung:
- Die Salatgurke waschen und schälen.
- Nun die Gurke in dünne Scheiben schneiden, die wiederum in schmale Streifen geschnitten werden. Alternativ kann man die Gurke auch mit einer Gemüsereibe ganz fein raspeln.
- Die Knoblauchzehen schälen und über einem Teller durch die Knoblauchpresse drücken.
- Auf einem Brett wird die frische Minze klein geschnitten.
- Den Quark und den Sauerrahm mit Hilfe eines Teigschabers in eine Schüssel geben.
- Die Milch hinzufügen und alles vorsichtig mit dem Rührbesen verrühren.
- Schließlich die Minze, den Knoblauch, die Gurke und das Olivenöl dazugeben, mit Salz, Pfeffer und gemahlenem Kreuzkümmel abschmecken und verrühren.

Tipp: Mit Brot oder zu Pierogi z grzybami aus Polen (s. S. 47) servieren.

Apple Pie aus England / den USA – it's delicious! (ab 4 Jahren)

Zutaten:
250 g Weizenmehl (Type 1050), 150 g Butter oder Margarine, 1 Prise Salz, Schale mit kaltem Wasser, etwas Butter / Margarine (zum Bestreichen der Kuchenform), 5 große Äpfel (z. B. Boskoop), 1 Zitrone (alternativ: Zitronensaft), 2 Esslöffel Zucker, 1 Päckchen Vanillezucker, 1 Messerspitze Zimt, 1 Messerspitze Ingwer (gemahlen), 2 Teelöffel Speisestärke, 75 g Sultaninen, 1 kleines Glas Aprikosenkonfitüre, Schlagsahne

Arbeitsmittel:
Küchenwaage oder Messbecher, Rührschüssel, Handrührgerät mit Knethaken und Rührbesen, Esslöffel, Schneidebrett, Messer, Knetunterlage, Nudelholz, Kuchenform Ø ca. 26 cm, Backpinsel, Schälmesser, Sparschäler, evtl. Apfelentkerner, Zitronenpresse, große Schüssel, Holzlöffel, Backofen, Kuchengitter, Küchenuhr, Teigschaber, hohes Rührgefäß

Zubereitung:
- Das Mehl, die Butter oder Margarine und die Prise Salz in eine Rührschüssel geben und mit Hilfe des Handrührgerätes (Knethaken) gut verkneten. Dabei esslöffelweise kaltes Wasser zugeben bis ein fester, ausrollbarer Teig entsteht. Den Teig evtl. nochmals mit den Händen nachkneten.
- Den Teig zu einer Rolle verarbeiten und diese auf einem Schneidebrett mit dem Messer in ein größeres (5/8) und ein kleineres Stück (3/8) aufteilen.
- Das größere Teigstück mit dem Nudelholz auf der Arbeitsplatte zu einer runden Platte ausrollen.
- Die Kuchenform einfetten und mit der Teigplatte so auslegen, dass an den Seiten ein Rand (1,5 – 2 cm Höhe) entsteht.
- Nun die Äpfel schälen und entkernen, danach erst vierteln, dann in kleine Scheiben schneiden. In der Zwischenzeit den Backofen auf 200 °C vorheizen (bei Umluft auf 170 °C).
- Die Zitrone halbieren, auspressen und den Saft in eine große Schüssel geben.
- Den Zucker, den Vanillezucker, den Zimt, den Ingwer, die Speisestärke und die Sultaninen hinzufügen und alles gut verrühren.
- Nun die Äpfel zu dieser Gewürzmischung in die große Schüssel geben und mit einem Holzlöffel vorsichtig, aber gut durchmischen.
- Den Teig in der Kuchenform gleichmäßig mit der Apfel-Gewürzmischung belegen.
- Das kleinere Teigstück mit dem Nudelholz auf der Arbeitsplatte zu einer runden Platte ausrollen und damit die Apfelmischung bedecken.
- Die kleine und die große Teigplatte werden an den Rändern fest zusammengedrückt. (Falls die Platten nicht gut aneinanderhaften, kann man mit einem in kaltes Wasser getunkten Finger die Ränder leicht befeuchten und nochmals zusammendrücken.)
- Den Apple Pie in den vorgeheizten Backofen schieben und bei 200 °C (Umluft 170 °C) ca. 40 Minuten backen.
- Anschließend den noch heißen Kuchen mit Hilfe des Teigschabers mit Aprikosenkonfitüre bestreichen.
- Die Sahne mit dem Küchenrührgerät steif schlagen.

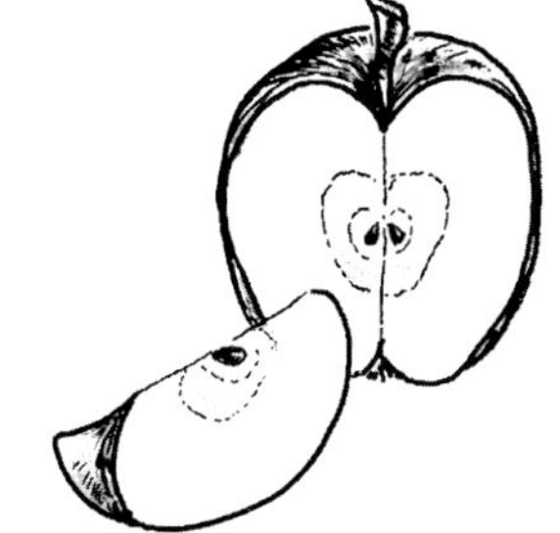

Am besten schmeckt Apple Pie warm serviert mit Sahne! Very tasty!

Pierogi z Grzybami (Pilzpiroggen) aus Polen – to jest pyszne! (ab 4 Jahren)

Zutaten:
400 g Weizenmehl (Type 1050), 4 Eier (von freilaufenden Hühnern), 800 g braune Champignons, 2 Zwiebeln, Salz, Pfeffer, Schale mit kaltem Wasser

Arbeitsmittel:
Rührschüssel, Handrührgerät mit Knethaken, Unterlage zum Ausrollen oder große, saubere Tisch- oder Ablagefläche, Nudelholz, mehrere kleine Küchenmesser, Gemüsebürste, Schüssel, Holzlöffel, Teelöffel, evtl. Backpinsel, großer Kochtopf, Schneidebrett, Küchenuhr, Schaumlöffel, Servierschüssel (ausgelegt mit Küchenkrepp)

Zubereitung:
- Die Eier aufschlagen, in die Rührschüssel geben und mit dem Handrührgerät leicht verquirlen.
- Das Mehl und eine Prise Salz hinzugeben und alles mit dem Mixer gut durchkneten.
- Dann den Teig mit Hilfe der Teigrolle möglichst gleichmäßig ausrollen und in ca. 9 x 9 cm große Quadrate schneiden.
- Mit einer Gemüsebürste oder einem Backpinsel werden die Champignons vorsichtig von Schmutz befreit.
- Von den unteren Pilzstiel-Enden schneidet man mit dem Küchenmesser eine millimeterdicke Schicht ab.
- Nun werden die Champignons in kleine Würfelchen geschnitten.
- Dann werden die Zwiebeln geschält, halbiert und fein gewürfelt (je kleiner, desto besser).
- Die Zwiebeln und die Champignons in eine Schüssel geben, mit Salz und Pfeffer würzen und vorsichtig mit einem Holzlöffel mischen.
- Mit Hilfe von Teelöffeln verteilt man das Zwiebel-Champignon-Gemisch auf je einer Hälfte der Teigquadrate und legt diese zu Dreiecken zusammen.
- Die Ränder der Teigtaschen werden fest aneinandergedrückt. Sollte der Teig nicht gut kleben, kann man mit einem Pinsel etwas (!) Wasser auftragen und die Ränder erneut zusammendrücken.
- Nun die verschlossenen Teigtaschen in kochendes Wasser geben und bei schwacher Hitze 20 Minuten garen (Küchenuhr stellen).
- Mit einem Schaumlöffel die Pierogi vorsichtig aus dem Wasser nehmen und in die Servierschüssel geben. Bardzo smaczne!

Bilder-Kopiervorlage von Zutaten und Haushaltsgegenständen (1)

Pierogi z Grzybami (Pilzpiroggen) aus Polen:

Bilder-Kopiervorlage von Zutaten und Haushaltsgegenständen (2)

Chokky Rocks aus Australien:

Kheere ka Raita aus Indien – Gurkensalat mit Quark:

Apple Pie aus England / den USA:

So isst man anderswo (ab 4 Jahren)

Material:
Korb, Tuch, Besteck (Messer, Gabel, Löffel für jedes Kind), Ess-Stäbchen (aus dem Asia-Laden für jedes Kind), Teller, Popcorn oder Erdnuss-Flips, Schüsseln, Servierlöffel

Vorbereitung:
Gemeinsam mit den Kindern wird der Tisch mit Tellern gedeckt. Besteck und Stäbchen befinden sich noch in einem abgedeckten Korb. Popcorn und / oder Erdnuss-Flips werden in Schüsseln auf den Tisch gestellt und Servierlöffel ausgelegt.

Arbeitsanweisung:
Die Erzieherin leitet die Esskultur-Runde ein, zum Beispiel mit: „In den verschiedenen Ländern gibt es verschiedene Sitten und Traditionen – so auch beim Essen. Heute wollen wir das einmal ausprobieren." Die Kinder dürfen ihre Vermutungen äußern, wie in den anderen Ländern gegessen wird. Zwei bis vier Teilnehmer der Runde dürfen dann das richtige „Esswerkzeug" aus dem Korb nehmen und an alle verteilen. Anschließend probieren die Kinder das Essverhalten des jeweiligen Landes aus.

In den **USA (Nordamerika)** ist es oft Sitte, sich das Essen in kleine Häppchen zu schneiden, danach das Messer beiseitezulegen und nur noch mit der Gabel weiterzuessen.

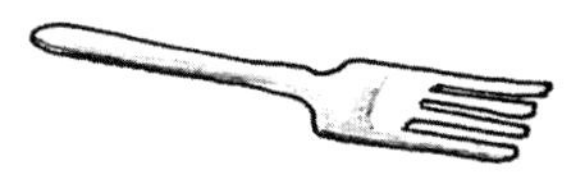

In **Ghana (Afrika)** und in **Indien (Asien)** essen viele Menschen traditionell mit den Fingern. Dabei achten besonders die Inder darauf, nur die rechte Hand zu benutzen, weil sie die linke Hand für unsauber halten.

Bei uns in **Deutschland (Europa)** und in vielen anderen Ländern isst man mit einem Besteck, das aus Messer, Gabel und Löffel besteht.

In **Japan (Asien)** essen die Menschen mit Stäbchen aus Holz oder Kunststoff. Das ist gar nicht so einfach. Wer nun aufpasst und ein wenig übt, hat den Trick schnell raus.

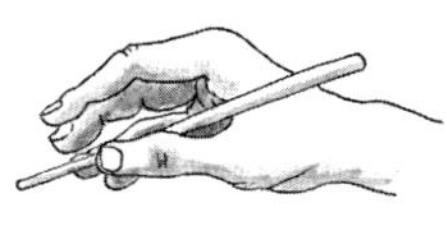

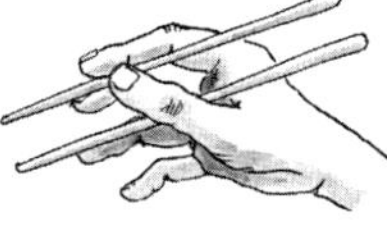

Unsere Kontinente (1) (ab 3 Jahren)

Möchtest du wissen, wie die Kontinente aussehen, auf denen die Kinder und der Pinguin leben?

Verbinde die Zahlen!

9 10 8 7 6 5 4 3 2 1

Nordamerika

Südamerika

6 5 4 7 8 3 9 2 10 1

6 8 5 7 4 9 3 1 10 2

Europa

Unsere Kontinente (2) (ab 3 Jahren)

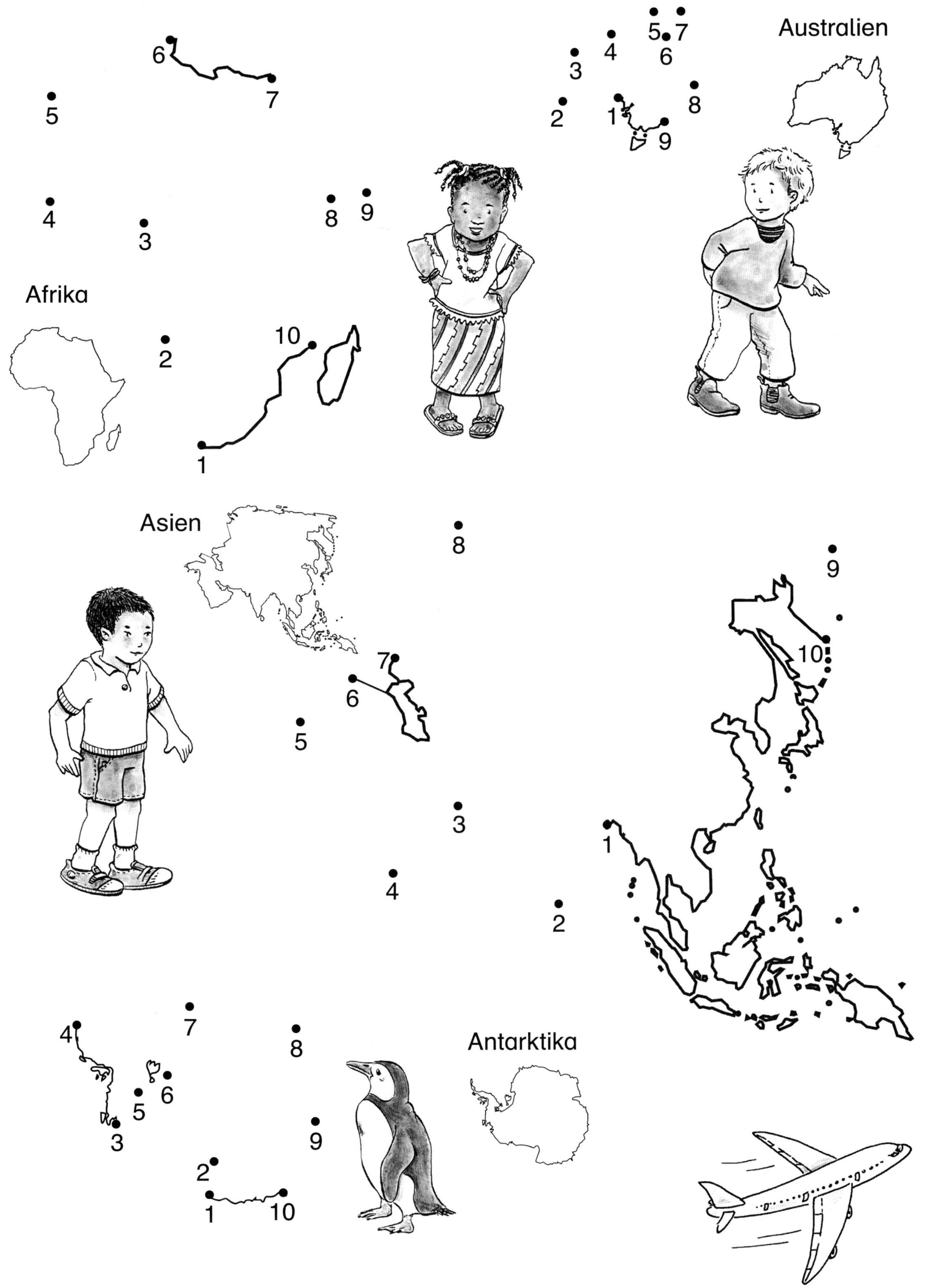

Australien

1 2 3 4 5 6 7 8 9

Afrika

1 2 3 4 5 6 7 8 9 10

Asien

1 2 3 4 5 6 7 8 9 10

Antarktika

1 2 3 4 5 6 7 8 9 10

Wie viele sind es? (ab 4 Jahren)

Zähle und schreibe die Zahlen auf.

BVK • Maggie Jung: Kita aktiv „Projektmappe Reise um die Welt“

So bunt sind die Flaggen aus aller Welt (1) (ab 5 Jahren)

Rechne aus!
Dann helfen dir die Lösungszahlen, die Flaggen richtig auszumalen.

1 = helles Gelb, 2 = kräftiges Gelb, 3 = Grün, 4 = Weiß, 5 = helles Blau, 6 = dunkles Blau, 7 = Schwarz, 8 = Rot, 9 = Orange

Deutschland:

5 + 2 =
4 + 4 =
4 – 2 =

Polen:

1 + 3 =
5 + 3 =

Indien:

3 + 3 + 3 =
 6 – 2 =
5 – 2 =

So bunt sind die Flaggen aus aller Welt (2) (ab 5 Jahren)

USA:

5 + 4 – 1 =

8 – 4 =

1 + 2 + 1 + 2 =

Irland:

7 – 4 =	2 + 2 =	3 + 3 + 3 =

Ghana:

10 – 2 =

4 – 2 =

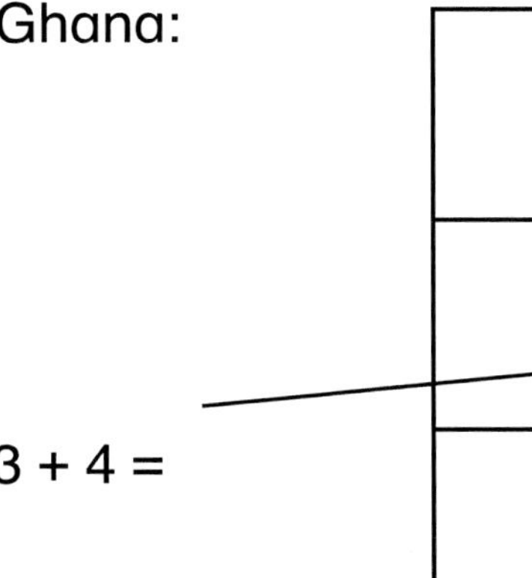

3 + 4 =

1 + 2 =

Brasilien:

6 – 3 =

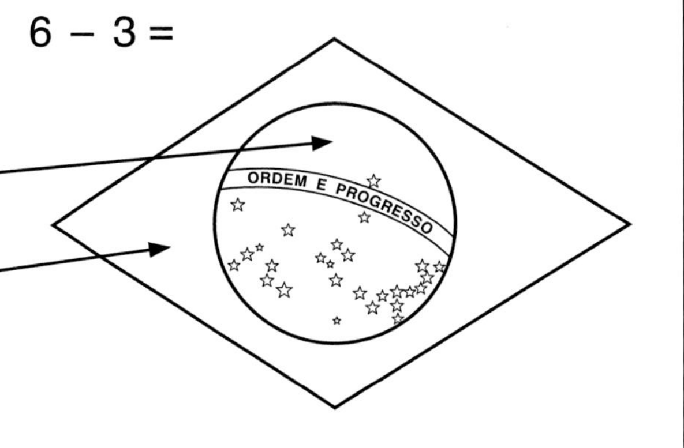

5 + 5 – 4 =

10 – 5 – 3 =

BVK • Maggie Jung: Kita aktiv „Projektmappe Reise um die Welt“

Tolle Souvenirs – ein Zählspiel (ab 4 Jahren)

Material:
Kopiervorlage „Regal“ (s. S. 56), Kopiervorlage „Souvenirs“ (s. u.), Buntstifte, 1 Klebestift, Tonkarton, Scheren, Selbstklebefolie und / oder Laminierfolie und -gerät

Die Herstellung des Zählspiels:
Die Regal-Vorlage kopieren, anmalen und laminieren oder mit Folie bekleben.
Die Vorlage mit den Souvenirs drei Mal kopieren, bunt ausmalen, auf Tonkarton kleben und ausschneiden; alle Souvenirs mit Selbstklebefolie versehen.

Spielanleitung:
Daphne ist in der ganzen Welt herumgereist – und sie ist sehr stolz auf ihre Souvenirs. Nun möchte sie alle in dem Regal mit den sechs Fächern verstauen.

Aufgaben:
- Lege in jedes Regalfach drei (vier, fünf, sechs ...) Souvenirs.
- Lege in das erste Regalfach ein Souvenir, in das zweite zwei Souvenirs, in das dritte drei Souvenirs usw.
- Lege in das erste Regalfach ein Souvenir, in das zweite Regalfach zwei Souvenirs mehr als sich im ersten Fach befinden, in das dritte Regalfach wieder zwei Souvenirs mehr usw.
- Lege in das erste Regalfach ein Souvenir, in das zweite Regalfach drei Souvenirs mehr als sich im ersten befinden, in das dritte Regalfach ein Souvenir weniger als sich im zweiten befinden, in das vierte Regalfach drei mehr als sich im dritten Regalfach befinden usw.

Diese Aufgaben können beliebig erweitert und abgeändert werden. Selbstverständlich erhält das Kind die Anweisungen der jeweiligen Aufgabe nicht auf einmal, sondern „Regalfach für Regalfach“.

Kopiervorlage „Souvenirs“ (Bitte ggf. auf die doppelte Größe kopieren.)

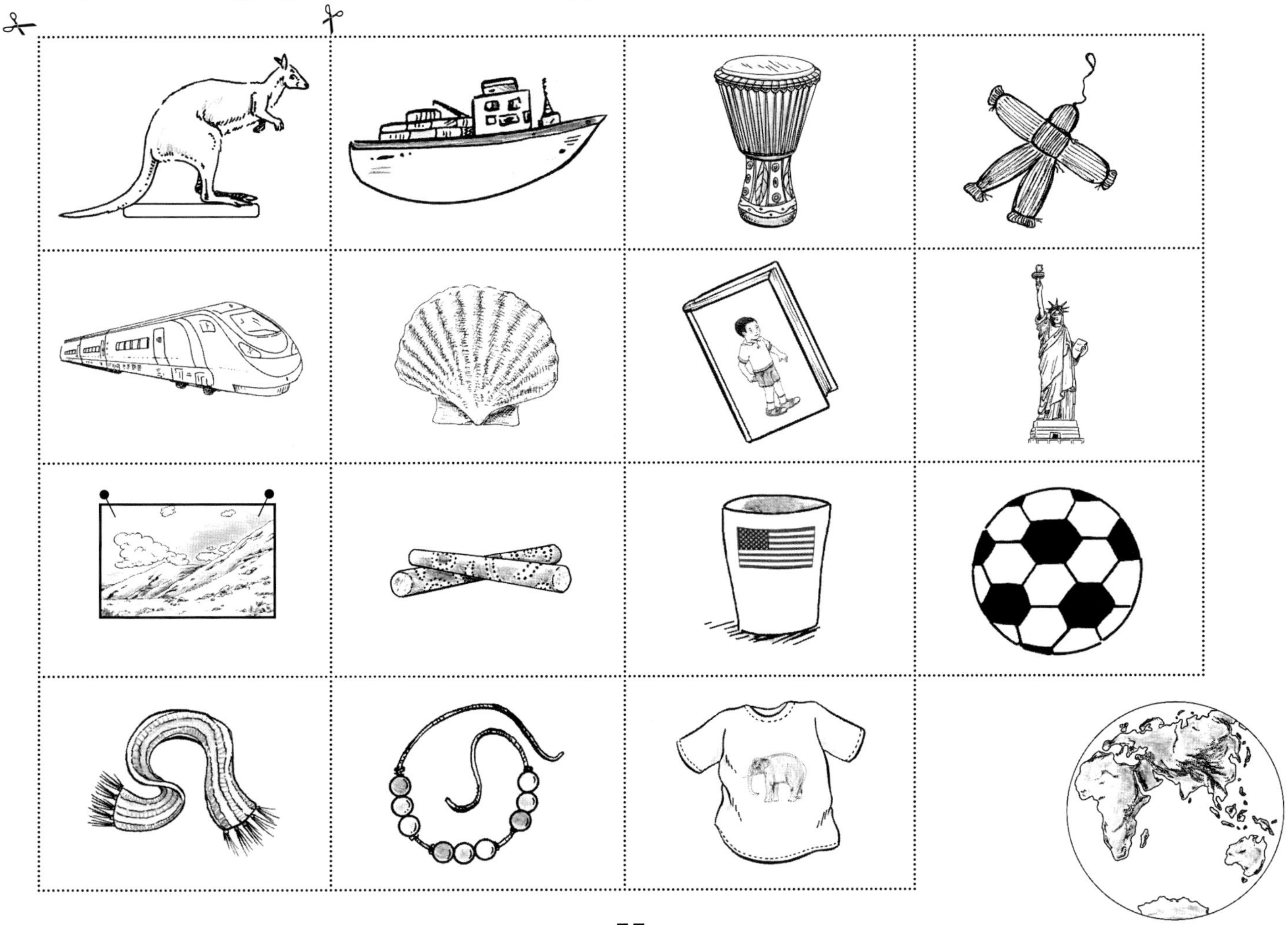

Kopiervorlage „Regal“

(Bitte ggf. auf die doppelte Größe kopieren.)

Mit Bus und Bahn (ab 4 Jahren)

Setze diese Zeichen ein:

< ist kleiner als ...

> ist größer als ...

Da fehlt doch was! (ab 5 Jahren)

Male die Taschen und Koffer fertig.

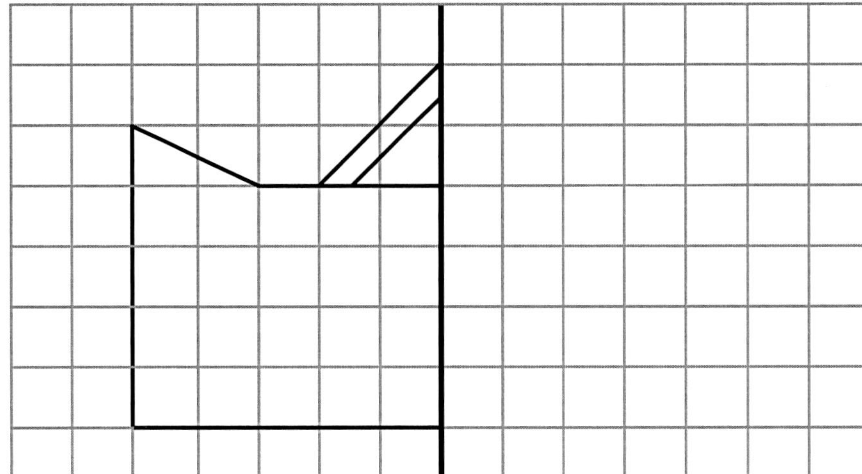

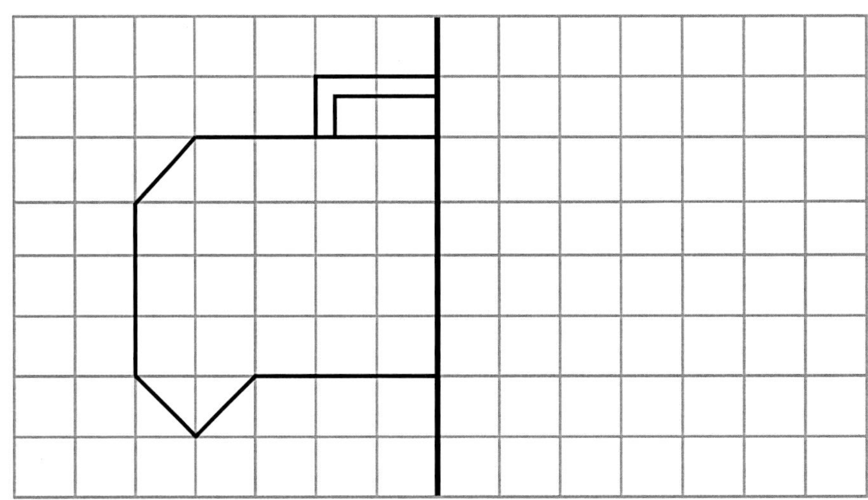

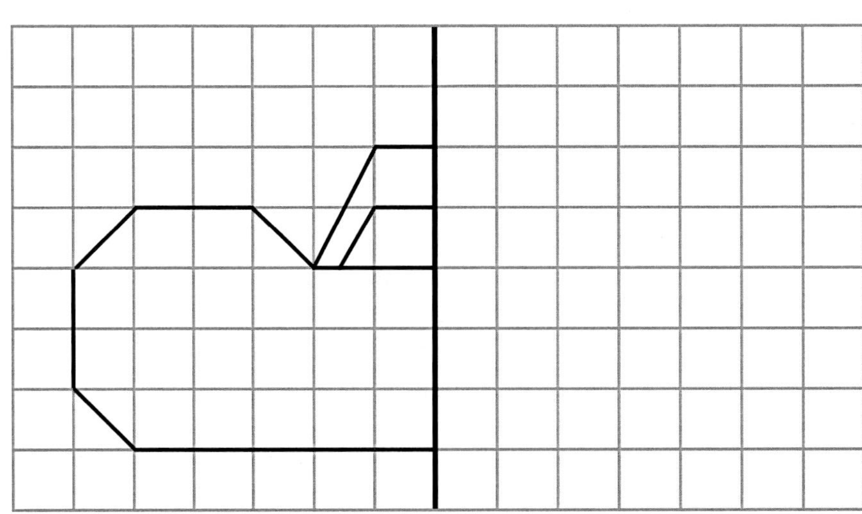

Gute Reise! (1) (ab 5 Jahren, für 2 – 4 Spieler)

Die Spielidee – worum es geht:
Jeder Mitspieler verreist in ein bestimmtes Land (entweder nach Ghana, nach Polen, in die USA oder nach Brasilien). Wer zuerst an seinem Ziel ankommt, hat gewonnen. Doch das ist nicht so einfach, denn die Mitspieler können jederzeit Hindernisse auf den Reisewegen einbauen.

Material:
für die Herstellung des Spiels: Kopiervorlage „Spielfeld“ (s. S. 61, ggf. auf DIN A3 hochkopiert, dann Tonkarton und Laminierfolie in DIN A3 statt DIN A4), Kopiervorlage „Reisezielflaggen und Hindernissteine“ (s. S. 60), Buntstifte, 1 Klebestift, Tonkarton (je ein Bogen in DIN A5 und in DIN A4), Selbstklebefolie (je einmal DIN A5-groß und DIN A4-groß) oder Laminierfolie und -gerät, 1 Schere
für die Durchführung des Spiel: 4 Spielfiguren (aus einem vorhandenen Brettspiel), 1 Würfel

Herstellung des Spiels:
1. Auf dem Spielfeld wird das Startfeld dunkelgrün angemalt, die Länder hellgrün und die Flaggensymbole in den entsprechenden Farben:

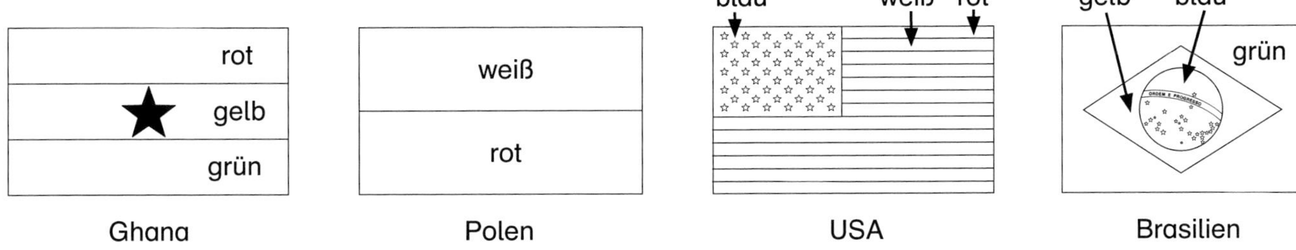

   Die Kreisfelder können je nach Belieben kunterbunt oder in einer Farbe angemalt werden.
2. Das angemalte Spielfeld wird auf Tonkarton geklebt und mit Selbstklebefolie versehen (oder laminiert).
3. Die Flaggenkarten werden in den Farben der Flaggen angemalt, die Hindernissteine in Rot.
4. Flaggenkarten und Hindernissteine auf Tonkarton kleben, ausschneiden und mit Selbstklebefolie versehen oder laminieren.

Spielvorbereitung:
Die Erzieherin bespricht mit den Kindern vor dem Spiel die Flaggen und zu welchem Land (Ghana, Polen, USA, Brasilien) sie gehören. Die Hindernissteine werden wie in der Spielfeldskizze (s. S. 60) auf dem Spielfeld verteilt. Jeder Mitspieler erhält eine Spielfigur, die er auf das Startfeld stellt.
Die Reisezielflaggen werden mit der Oberseite nach unten auf den Tisch gelegt und gemischt. Jeder Mitspieler zieht eine Flagge – ohne sie den Mitspielern zu zeigen –, schaut sie sich genau an und legt sie wieder verdeckt vor sich hin. Nun steht für jeden das Reiseziel fest!

Spielverlauf:
Es wird reihum gewürfelt. Je nach Augenzahl reisen die Mitspieler in die Richtung ihres Reiseziels (das sie den anderen nicht verraten dürfen) los. Die roten Hindernissteine dürfen nicht übersprungen werden. Lässt es ein Hindernisstein nicht zu, mit der Spielfigur so viele Felder zu gehen, wie man Augen gewürfelt hat, verfällt der Wurf. Würfelt ein Mitspieler eine Sechs, hat er die Möglichkeit – anstatt seine Spielfigur fortzubewegen – einen Hindernisstein an eine andere Stelle zu setzen. **Tipp:** Besteht eine Vermutung, wohin ein anderer Mitspieler reisen will, kann man ihm den Hindernisstein in den Weg legen.

Spielende / Ziel:
Wer als Erster „sein“ Reiseland erreicht, hat gewonnen. Allerdings muss er das Land mit seiner Würfelpunktzahl genau erreichen!

Gute Reise! (2) (ab 5 Jahren, für 2 – 4 Spieler)

Spielfeldskizze:

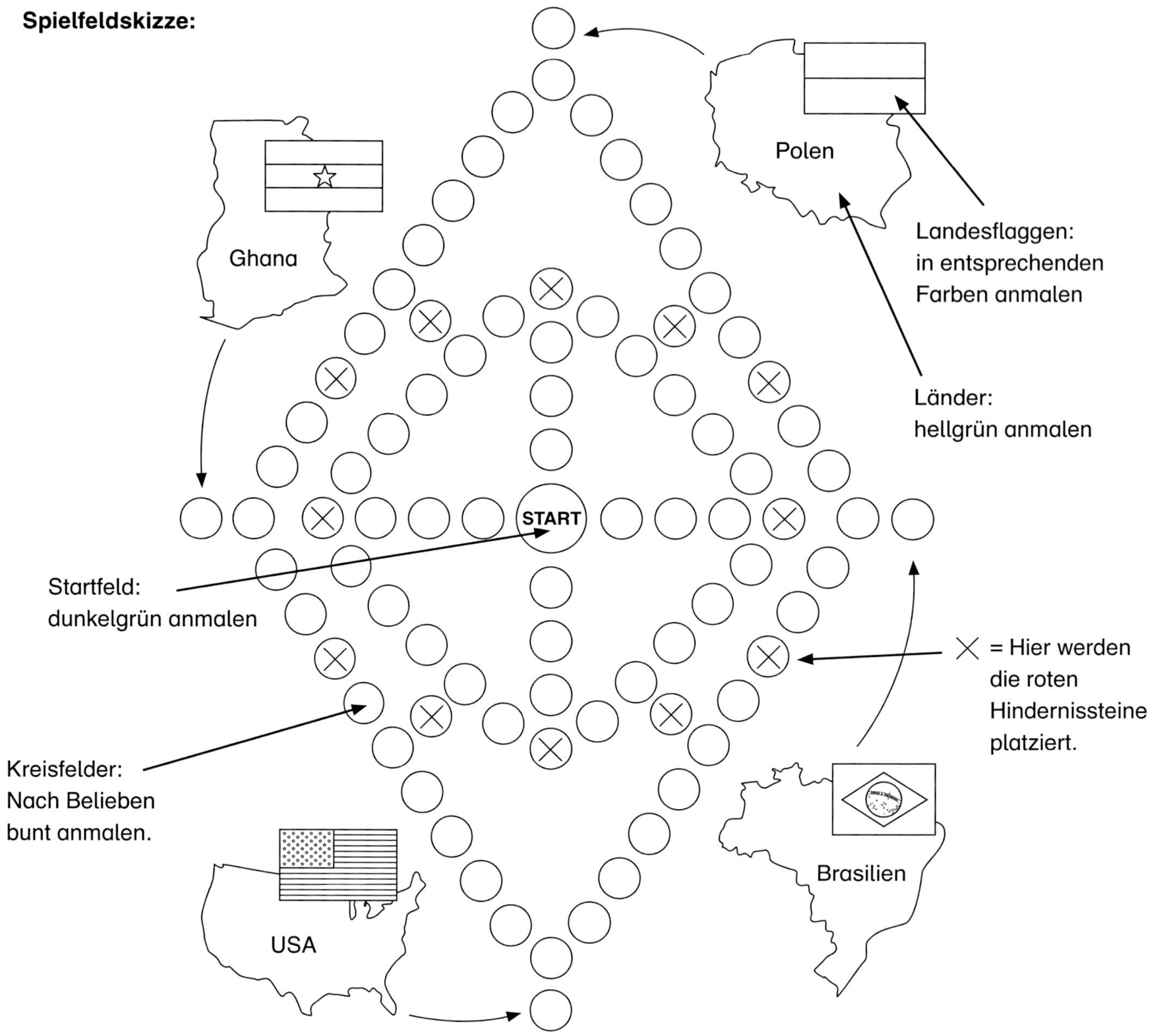

Ghana

Polen

USA

Brasilien

START

Landesflaggen:
in entsprechenden
Farben anmalen

Länder:
hellgrün anmalen

Startfeld:
dunkelgrün anmalen

× = Hier werden
die roten
Hindernissteine
platziert.

Kreisfelder:
Nach Belieben
bunt anmalen.

Kopiervorlage „Reisezielflaggen und Hindernissteine“

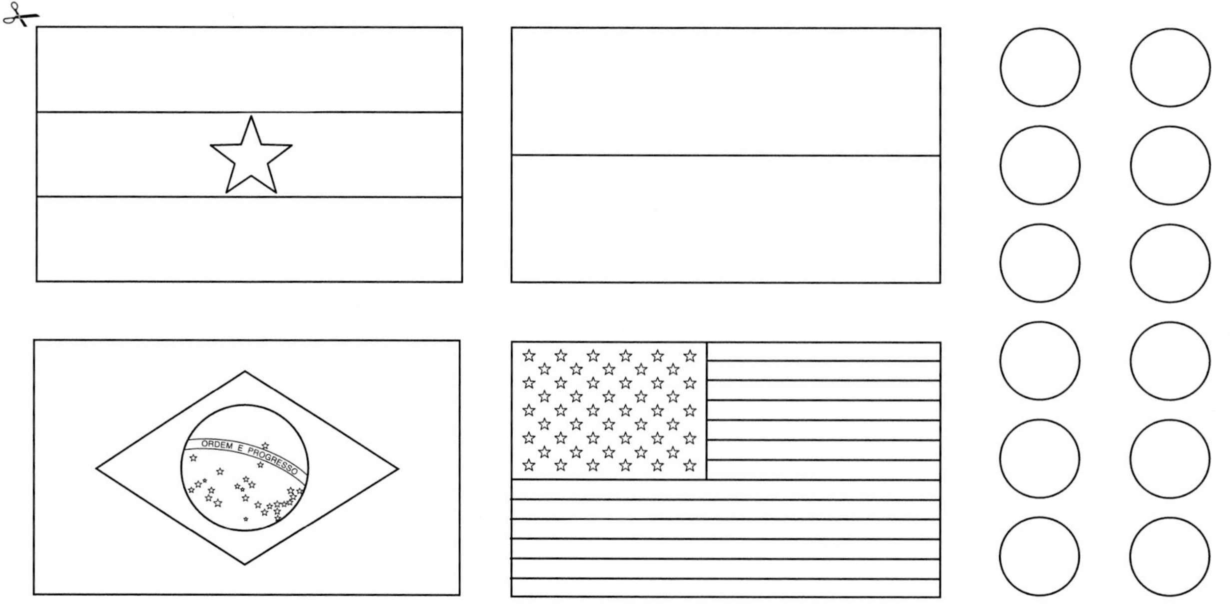

Kopiervorlage „Spielfeld“ (ab 5 Jahren, für 2–4 Spieler)

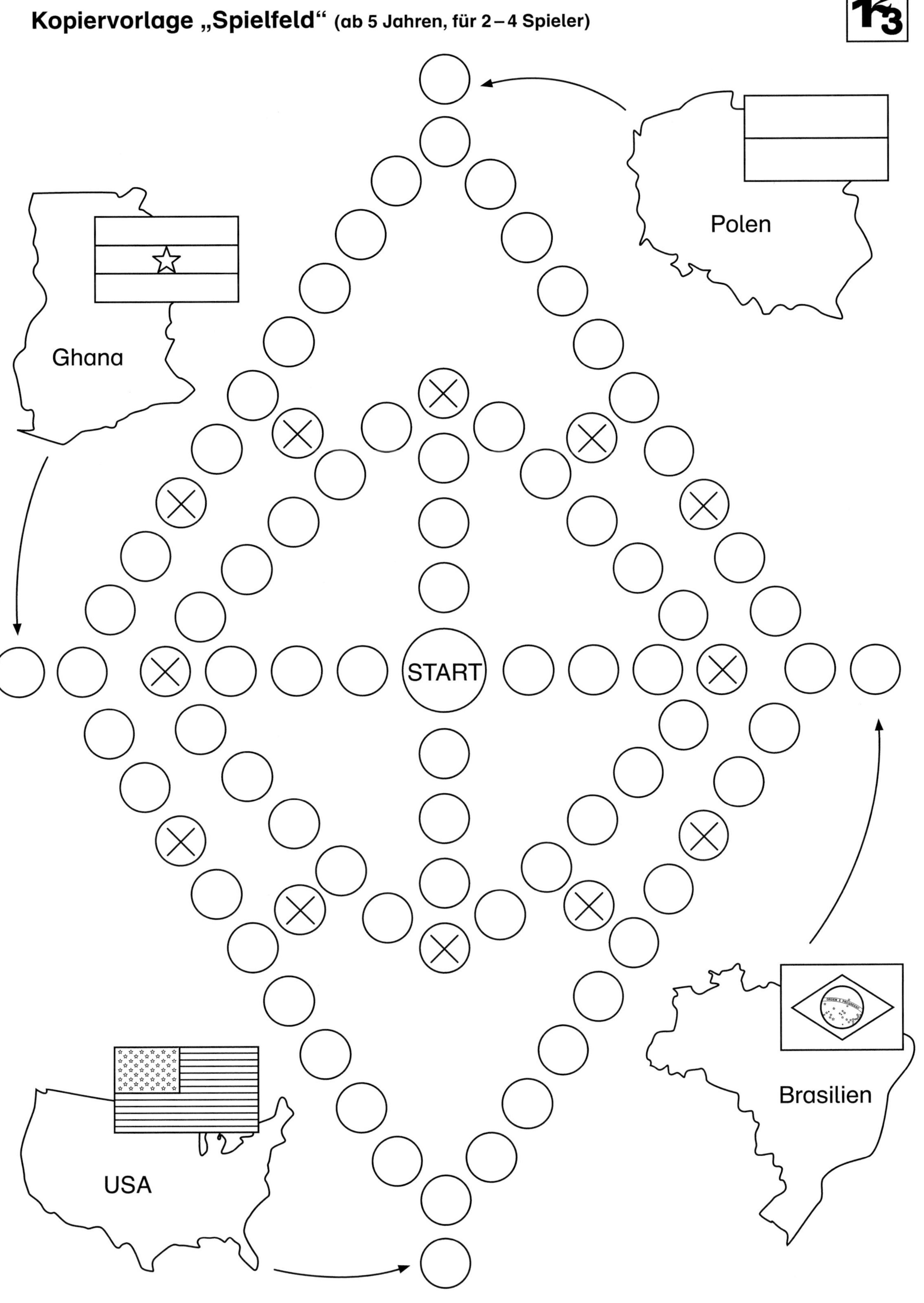

Holi – das Fest der Farben

Bei diesem indischen Frühlingsfest (s. auch S. 6) geht es recht farbenfroh zu. Ein solch „buntes" Fest lässt sich zum Beispiel gut mit einem gemeinsamen Frühstück kombinieren und bietet sich für das späte Frühjahr an (die nachösterliche Zeit).

Material:
Verkleidungskiste: bunte Textilien wie Tücher, Schals, Hemden etc., farbige Papierschlangen und „Hexentreppen", Teller, bunte Servietten und Muggelsteine, Obst, Gemüse, Küchenutensilien, Gesichtsschminke, CD-Player, indische Musikstücke (die sich zum Tanzen eignen, s. CD-Tipp S. 9)

Ideen für die Gestaltung:

- Die Kinder dürfen an dem Tag bunte Verkleidungen von zu Hause mitbringen oder durchstöbern gemeinsam die Kita-Verkleidungskiste nach Tüchern, Schals, Hemden und Ähnlichem.
- Der Gruppenraum wird mit (selbst gebastelten) farbigen Papierschlangen und „Hexentreppen" dekoriert.
- Der Frühstückstisch wird bunt gedeckt und mit farbenfrohen Muggelsteinen und Servietten geschmückt.
- Gemeinsam bereiten alle ein buntes Fingerfood-Frühstück vor: Obst- und Gemüseplatten werden hergerichtet (Apfelstücke, Bananenscheiben, Trauben, Paprikastreifen, Tomatenstücke, Kohlrabiwürfel, Möhrenscheibchen usw.). Zusätzlich können bunt gefärbte Party-Eier und Obstsaftschorlen serviert werden.
- Die Gesichter der Kinder werden von der Erzieherin mit Schminke bunt angemalt.
- Wie wär's mit einem Tanz zu indischer Musik? Einfach von der „fremdartigen" Musik inspirieren lassen ...

Homowo – ein Erntefest

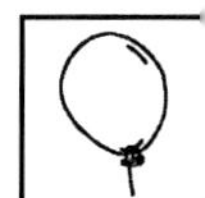

In Teilen Ghanas feiert man dieses frohe Fest (s. auch S. 7), bei dem die Menschen zusammenkommen und eine große Parade veranstalten. Da es ein Erntefest ist, bietet es sich an, es mit den Kindern im Herbst zu feiern.

Material:
Obst und Gemüse aus der eigenen Ernte, (selbst gemachte Falt-) Körbchen, Servietten, Geschenkbandreste, Schere, unifarbene Tücher (pro Kind 2 Stück)

Ideen für die Gestaltung:

- Hat die Kita ein Gartenbeet? Dann dürfen die Kinder los und schauen, welche Früchte der Garten zur Erntezeit bietet. Alternativ dürfen die Kinder Obst und Gemüse, das sie zu Hause geerntet haben, mitbringen.
- Gemeinsam wandern alle durch Feld und Flur. Nach Absprache mit dem Bauern dürfen die Kinder evtl. hier und da ein paar Getreidehalme abschneiden oder einen Maiskolben pflücken. Auch verschiedene Kräuter dürfen gesammelt werden (sofern die Pflanzen nicht unter Naturschutz stehen).
- Wieder zurück in der Kita werden Getreide- / Kräutersträuße gebunden (mit Hilfe von Geschenkbandresten), kleine (selbst gemachte Falt-)Körbchen mit Servietten ausgelegt und mit ein paar Früchten oder Gemüseteilen bestückt.
- Aus unifarbenen Tüchern (die die Kinder von zu Hause mitgebracht haben oder die in der Kita vorrätig sind) drehen sich die Kinder ghanaische Kopfbedeckungen. Dazu werden zwei Tücher verschiedener Farben einfach umeinandergezwirbelt, auf Stirnhöhe um den Kopf gelegt und am Hinterkopf zusammengeknotet.
- Nun geht's auf zu einer Parade durch den Ort. Nur Mut! Staunende Passanten werden freundlich aufgeklärt: „Wir feiern das ghanaische Erntefest" und mit einem Obstkörbchen oder einem Kräuter- / Getreidestrauß beschenkt.

Wortgottesdienst zum Thema „Weite, weite Welt“

Material:

Globus, Tuch, Buntstifte, Tische oder große freie Bodenfläche zum Malen und Kleben, ein Plakat (z. B. aus zusammengeklebten Tapetenbahnen oder Kalenderblättern) mit einem aufgemalten Kreis (Ø gut 1 m), einen Kreis (aus Tapeten / Kalenderblättern) mit demselben Durchmesser und in so viele Puzzleteile zurechtgeschnitten wie teilnehmende Kinder bzw. wie Kinder in der Gruppe sind, Malunterlagen, Klebestifte, Kartenständer (evtl. in einer Schule ausleihen), Begleitinstrument (Gitarre, Keyboard, Klavier)

Einführungsgespräch – Impulse:

- Der Wortgottesdienstleiter hat einen Globus in der Hand, der mit einem Tuch abgedeckt ist. „Was könnte das sein?“ (Kugel, Globus, Welt)
- Er entfernt das Tuch: „Ein Globus! Eine Weltkugel! Was fällt euch alles ein, wenn ihr an unsere Welt denkt?“ (viele Länder, viele Menschen, Tiere, Pflanzen ...)
- „Heute möchten wir über die große Vielfalt sprechen, die es unter uns Menschen auf dieser weiten Welt gibt. Schaut mal diese ganzen Länder (zeigt den Globus näher und dreht ihn dabei). Wer war schon einmal in einem anderen Land?“ („Ich war in ...“)
- „Kennt ihr denn auch Menschen, die aus anderen Ländern kommen und bei uns leben?“ (Kind in unserer Gruppe, unser Nachbar, der Gemüsemann in der Stadt)
- „Hast du / habt ihr schon einmal mit dem Kind in deiner Nachbarschaft (mit dem Gemüseverkäufer ...) gesprochen?“ („Ja, er spricht auch noch eine andere Sprache.“ – „Nein, ich habe mich nicht getraut.“)
- „Wir finden, dass Menschen, die aus einem fremden Land kommen, anders sprechen und anders aussehen. Was denken wohl die Menschen aus einem anderen Land über uns?“ („Die denken auch, dass wir anders sind und ganz andere Wörter haben oder komische Sachen essen.“)
- „Ja, das, was wir über sie denken, denken sie auch über uns. Gott sei Dank sind die Menschen aller Länder so verschieden. Unsere weite Welt ist ganz vielfältig. Ihr habt ja auch schon viele tolle Dinge über andere Länder und ihre Menschen kennengelernt ...“ („Ja, wir haben polnisches Essen gekocht.“ – „Beim Turnen haben wir ein Spiel aus Ghana gespielt.“ – „Wir haben getanzt wie die Leute in Amerika.“)

Malaktion:

- Der Wortgottesdienstleiter geht über zu der Malaktion: „Wie vielfältig wir Menschen sind, können wir sehen, wenn wir gemeinsam ein Welt-Puzzle gestalten.“ Er verteilt an die anwesenden Kinder Blanko-Puzzleteile, Malunterlagen und Buntstifte. Sie sollen sich selbst malen (und evtl. ihr Hobby, eine Lieblingsbeschäftigung, ihr Zuhause, eine Spielsituation, sich gemeinsam mit ihrem Haustier ...).
- Die Puzzleteile werden nach dem Fertigstellen eingesammelt und auf das Plakat mit dem Kreis geklebt. (Fehlen beim Gottesdienst Kinder, die bei der Anzahl der Puzzleteile mit einkalkuliert worden waren, können deren Puzzleteile später noch hinzugeklebt werden.)

Im Anschluss wird gemeinsam das Lied (s. S. 64) gesungen. Als Abschluss kann das folgende Gebet eingesetzt werden. Die Sätze können von fünf Kindern / fünf Kleingruppen vorgetragen werden. „Wir danken dir dafür.“ wird von allen Gottesdienstteilnehmern gemeinsam gesprochen.

Kind 1: Lieber Vater im Himmel, du hast uns eine weite, weite Welt geschenkt, die bunt und vielfältig ist.
Alle: Wir danken dir dafür.

Kind 2: Auf dieser Welt leben viele, viele Menschen – und alle sind verschieden.
Alle: Wir danken dir dafür.

Kind 3: In jedem Land sieht es anders aus.
Alle: Wir danken dir dafür.

Kind 4: Auf dieser Welt gibt es viele verschiedene Sprachen.
Alle: Wir danken dir dafür.

Kind 5: Es gibt für uns alle noch viel zu entdecken auf der weiten Welt.
Alle: Wir danken dir dafür.

Lied „Was hat der liebe Gott sich bloß bei alledem gedacht?"

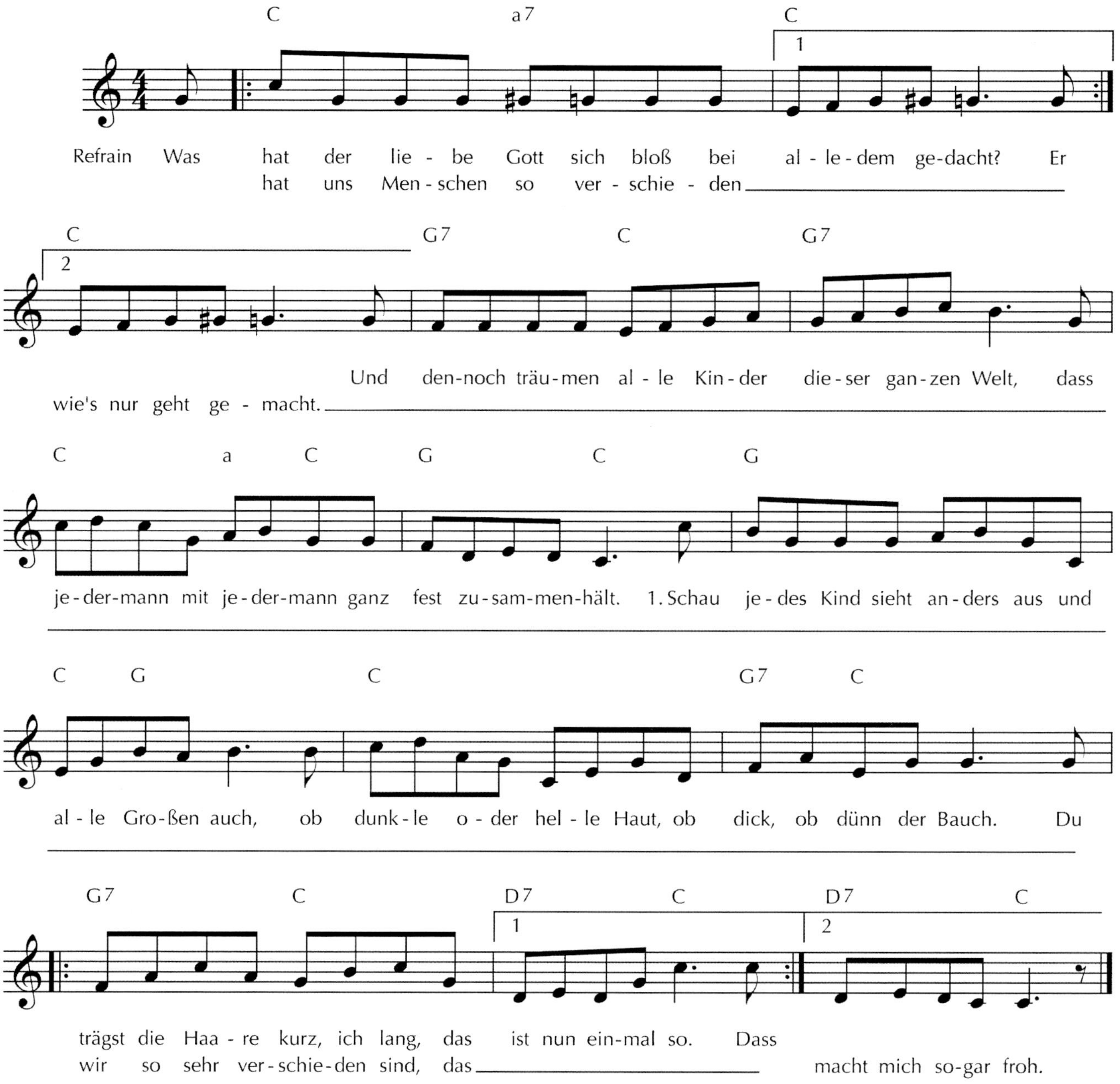

C a7 C G7 C G7 C a C G C G C G C G7 C G7 C D7 C D7 C

Refrain Was hat der lie - be Gott sich bloß bei al - le - dem ge-dacht? Er hat uns Men - schen so ver - schie - den wie's nur geht ge - macht.

Und den-noch träu-men al - le Kin - der die - ser gan-zen Welt, dass je - der-mann mit je - der-mann ganz fest zu - sam - men - hält.

1. Schau je - des Kind sieht an - ders aus und al - le Gro - ßen auch, ob dunk - le o - der hel - le Haut, ob dick, ob dünn der Bauch. Du trägst die Haa - re kurz, ich lang, das ist nun ein-mal so. Dass wir so sehr ver - schie - den sind, das macht mich so-gar froh.

2. Wenn du was sagst, dann ist das komisch und ganz fremd für mich.
Red ich mit dir, dann klingt es auch wie Kauderwelsch für dich!
Zwei Sprachen, die ganz anders sind, das ist nun einmal so.
Dass wir uns trotzdem gut versteh'n, das macht mich wirklich froh!

3. Die Lieder, Tänze und auch Witze, über die du lachst,
die kenn ich nicht. Doch find ich's cool, was du so alles machst!
Ganz and're Spiele gibt's bei euch, das ist nun einmal so.
Dass wir so viel gemeinsam tun, das macht mich richtig froh!

Eis, Eis, (fast) nichts als Eis (ab 3 Jahren)

Male die Eislandschaft der Antarktika fertig. Male dazu die Linien nach. Du kannst auch noch neue Linien dazumalen.
Wenn du magst, kannst du die Eislandschaft anschließend in verschiedenen Blautönen anmalen.

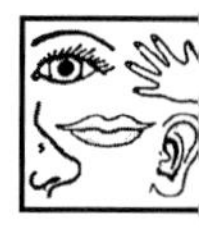

Wir schmücken Hände und Füße mit afrikanischen Mustern

(ab 4 Jahren)

Verziere die Hand und den Fuß. Male die Muster fort!

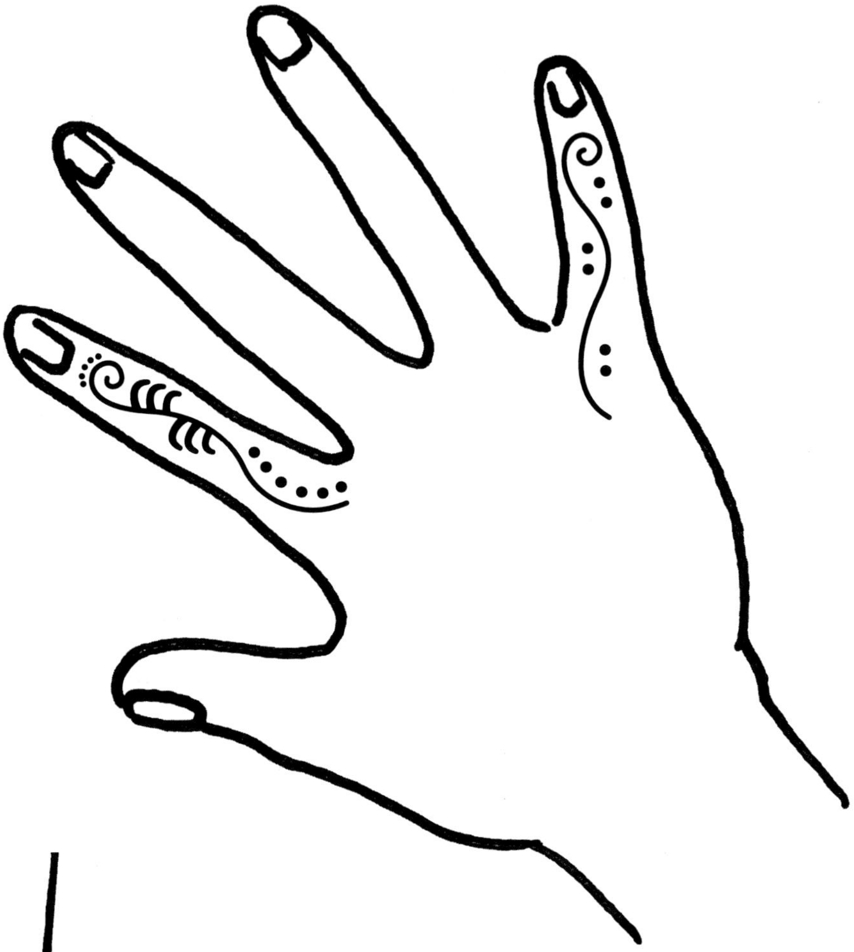

Eine Erlebnis-Rundreise (1)

Hinweis:
Diese meditative Übung sollten Sie am besten in einer Turnhalle aufbauen und durchführen oder in einem anderen großen Raum, dessen Boden auch nass und schmutzig werden darf. Für die Kinder eignet sich Badekleidung (oder Shorts und T-Shirts) und sie haben nackte Füße.
Da die Erlebnis-Rundreise aufgrund der Materialien (Laub) eher im Herbst stattfindet, ist eine angenehme Raumtemperatur notwendig. Es empfiehlt sich, dass jeweils nur maximal drei Kinder gleichzeitig an der meditativen Übung teilnehmen. Die Dauer einer Erlebnis-Rundreise sollte spontan auf die Kinder abgestimmt werden – je nachdem, wie lange sie eine Erfahrung auskosten möchten.
Nicht zwingend erforderlich, jedoch hilfreich ist es, wenn ein zweite erwachsene Person bei der Übung hilft (z. B. eine Praktikantin).

Zur Idee:
Die Kinder erleben bestimmte „Naturelemente“, die in Zusammenhang mit den verschiedenen Kontinenten stehen.

Material:
Meditationstext (s. S. 68), Eiswürfelbehälter und / oder kälteresistente Plastikschüsseln, Gefrierschrank, 4 große Behältnisse, die betreten werden können (z. B. Sandmuschelschalen, kleines aufblasbares Schwimmbecken, große, aber niedrige Kartons oder ähnliche stabile Behältnisse), evtl. 1 Plastikplane, jede Menge trockenes Laub, Wasser, viele Eiswürfel(-blöcke), feiner Sand, 1 Stehlampe, die Wärme abgibt (Steckdose vorhanden?), 1 große Decke, pro Kind 1 Handtuch, CD-Player, meditative Musik (z. B. Antonio Vivaldi: „Die vier Jahreszeiten“, s. S. 9), für jedes Kind eine Augenbinde oder Tücher (Achtung bei Erkältungen / Infektionen: Wird eine Augenbinde von Kind zu Kind weitergegeben, können Erreger übertragen werden!)

Tipp:
Bei den unter 3-Jährigen erübrigen sich Meditationstext und Augenbinden. Aber sie haben gewiss ihre Freude am Ausprobieren der Reisestationen.
Auch ängstliche Kinder brauchen ihre Augen nicht zu verbinden. Man kann sie bitten, die Augen fest zu schließen, weil es etwas Schönes und Überraschendes zu erleben gibt. An der vertrauten Hand der Erzieherin können sie die Erlebnis-Rundreise sicherlich sehr genießen.

Vorbereitung:
Es müssen rechtzeitig große Eiswürfel (Eiswürfelbehälter) oder Eisblöcke (z. B. mit Hilfe von kälteresistenten Plastikschüsseln) hergestellt werden.
Die vier Behältnisse und die Lampe werden in einem großzügigen Kreis angeordnet (in der Nähe benötigt man eine Steckdose!). Das erste Behältnis (z. B. das aufblasbare Schwimmbecken) wird mit (warmem) Wasser aufgefüllt, in das zweite (z. B. ein großer Karton) kommt das Laub, anschließend kommt das Behältnis (z. B. die Sandmuschel), in dem sich Eiswürfel befinden, als Nächstes legt man die Decke aus und stellt die Stehlampe daneben, zuletzt kommt das Behältnis (zweite Sandmuschel), gefüllt mit feinem Sand. (Hier kann man alternativ auch eine Plastikplane auslegen, auf die der Sand gekippt wird.)
Die Handtücher der Kinder werden alle in der Kreismitte platziert. Die Erzieherin sollte – bevor die Kinder den Raum betreten – eine angenehme Lautstärke der Begleitmusik ausprobieren.

Verlauf:
Die Erzieherin schaltet die Musik ein. Bevor die Kinder den Raum betreten, setzen sie Augenbinden auf und werden von der Erzieherin an die einzelnen Behältnisse herangeführt.

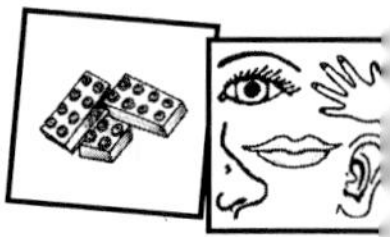

Eine Erlebnis-Rundreise (2)

Meditationstext

Die Erzieherin spricht zur Musik:	***Die Kinder ...***
Wir gehen auf eine große Erlebnis-Rundreise: Wagt euch behutsam vor und seid ganz aufmerksam ... Ihr seid in Asien am Indischen Ozean. Das Wasser plätschert, benetzt eure Haut und umspült eure Arme ... Nun erreicht das Wasser auch eure Füße und eure Beine ... Spürt ihr, wie weich das Wasser des Indischen Ozeans ist und wie angenehm es eure Haut berührt?	*... reichen mit den Händen ins Wasser.* *... planschen behutsam mit den Fingern, dann auch mit den ganzen Händen und Armen.* *... wagen sich mit den Füßen vor und benetzen ihre Beine mit Wasser ...* *... trocknen dann ihre Arme und Beine mit den Handtüchern ab, die die Erzieherin ihnen anreicht.*
Nun reist ihr weiter nach Europa. Was euch wohl dort erwartet? Es raschelt – mal leise, mal laut, denn ihr geht durch einen Mischwald mitten in Europa. Spürt ihr das Laub an euren Füßen und Beinen kitzeln?	*... wagen sich mit den Händen an den Karton mit Laub, beginnen, darin herumzurascheln.* *... waten mit den Füßen durch die Blätter und „rascheln“ mit den Füßen darin herum.*
Lasst uns in die Antarktika reisen. Was findet ihr dort vor? Nur Mut ... Oh, wie kalt! Aber auch schön glatt. Ob sich die Zehen auch an die herrliche antarktische Eiswelt herantrauen? Wer mag, darf auch einmal darüberlaufen und die Eisklumpen unter den Fußsohlen spüren.	*... berühren vorsichtig die Eisblöcke.* *... stecken die Füße ins Eis.* *... gehen (an der Hand der Erzieherin) über die Eisklötze.* *... trocknen Arme und Beine gründlich ab.*
Nachdem es uns so kalt geworden ist, reisen wir in die Wärme ... nach Südamerika. Genießt unter einem Baum die wärmenden Sonnenstrahlen. Könnt ihr sie spüren? Wie angenehm sie das Gesicht, den Bauch, die Arme und die Beine berühren. Hm, eine Wohltat!	*... legen sich auf die Decke unter die Lampe und genießen die Wärme.*
Lasst uns noch mehr erfahren von dieser Welt – auf nach Afrika! Ihr seid in der Wüste angekommen. Fühlt ihr es? Sand rinnt zwischen euren Fingern hindurch. Das kitzelt. Er streichelt eure Zehen und Beine – ganz sanft berührt er eure Haut.	*... berühren den feinen Sand.* *... waten mit den Füßen hindurch.*
Nun sind wir leider am Ende unserer Erlebnis-Rundreise. Nehmt die Augenbinden ab und schaut euch noch einmal an, wo ihr überall gewesen seid: In Asien am Indischen Ozean, im europäischen Mischwald, im antarktischen Eis, im warmen Südamerika und in der Wüste Afrikas. Wo hat es euch am besten gefallen? Was möchtet ihr noch einmal erleben?	*... nehmen die Augenbinden ab.* *... betrachten alle Reisestationen.* *... gehen an die Stelle, die ihnen am besten gefallen hat und erleben sie noch einmal mit offenen Augen.*

Kopiervorlage „Schön anzusehen!“ (ab 3 Jahren)

Wer macht denn hier halbe Sachen?!

Schneide die rechten Hälften der Sehenswürdigkeiten aus.

Ordne sie den linken Hälften zu.

Klebe sie auf die Fragezeichen.

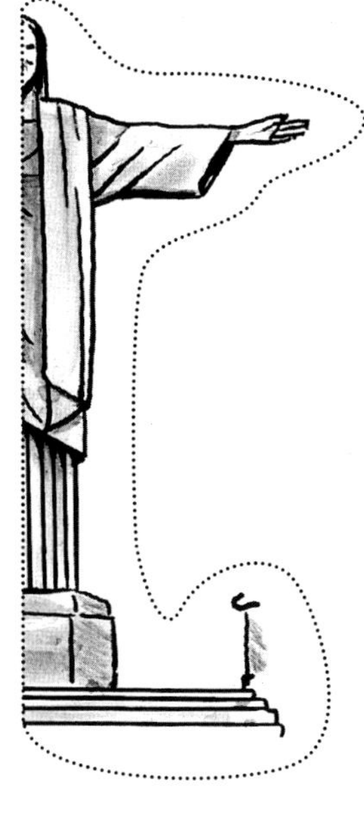

Schön anzusehen! (1) (ab 3 Jahren)

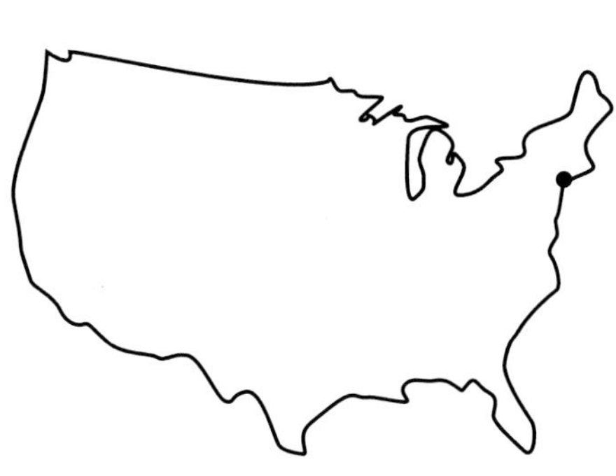

?

(Freiheitsstatue)

?

(Taj Mahal)

?

(Tower Bridge)

Schön anzusehen! (2) (ab 3 Jahren)

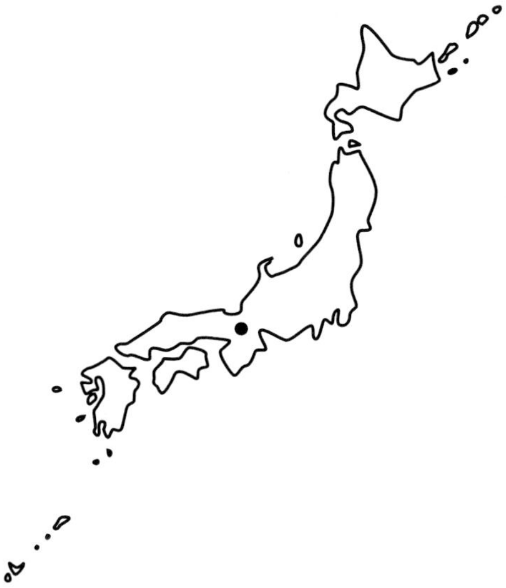

?

(japanischer Tempel)

?

(Christusstatue)

?

(Ayers Rock)

Im afrikanischen Urwald (ab 3 Jahren)

Der Elefant in der Mitte stapft fröhlich durch den Regenwald – doch bei all seinen Artgenossen stimmt etwas nicht.

Kreise die Fehler ein!

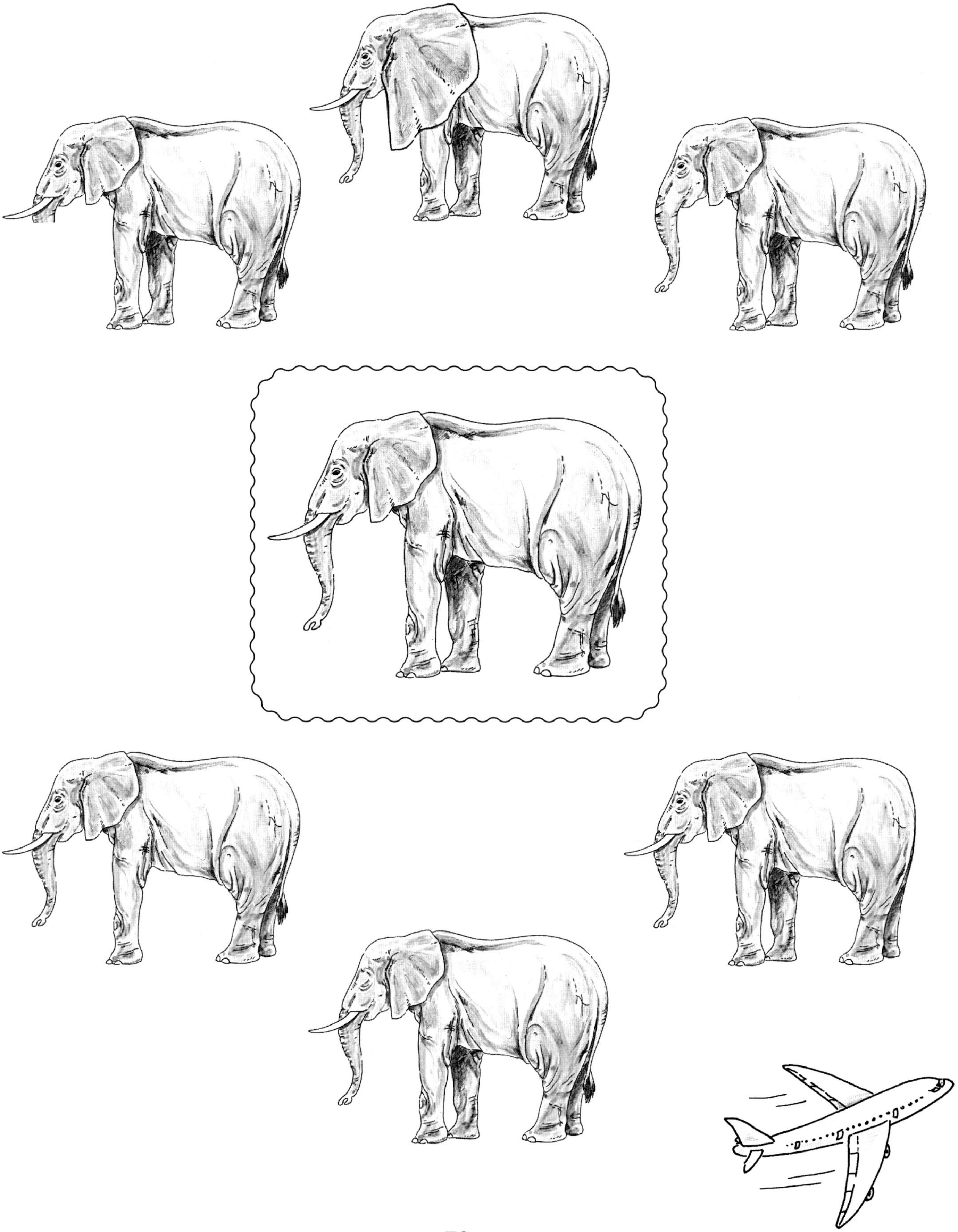

Triskel (ab 4 Jahren)

Male das keltische Muster aus Irland bunt an.

Tiere in Australien (ab 3 Jahren)

Julie und ihre Freunde waren in Australien. Dort haben sie verschiedene australische Tiere gesehen. Wer hat welches Tier gesehen?

 Zeichne die Linien nach.

Julie

Mary

Ann

Laura

Känguru

Wellensittich

Wombat

Koala

BVK • Maggie Jung: Kita aktiv „Projektmappe Reise um die Welt“

Ein aufregender Abenteuertrail (ab 3 Jahren)

Hinweis:
Das folgende Bewegungsspiel lässt sich am besten in einer Turnhalle durchführen, in der auch entsprechende Turngeräte und -materialien zur Verfügung stehen. Muss man auf einen anderen großen Raum (Aula, Foyer ...) ausweichen, ist etwas Improvisation gefragt. Alternative Tipps hierzu unter Spielvorbereitung.
Alle Spiele können in die üblichen Turnstunden eingebaut werden, eignen sich aber auch zur Auflockerung des Kita-Alltags zwischendurch. Eine größere Teilnehmerzahl (Gruppenstärke) ist erforderlich. Turnkleidung ist empfehlenswert, aber nicht unbedingt notwendig.

Spielidee:
Zwei ehrgeizige Wandergruppen wollen es wissen: Es geht quer durch den heimatlichen Mischwald, auf einen aufregenden Wandertrail mit vielen Herausforderungen. Welche Gruppe bezwingt die Route am schnellsten? Balancieren, Springen, Klettern, Kriechen und Hangeln sind gefragt!

Material:
Turngeräte (1 Schwebebalken, 2–3 Langbänke, 6 Reifen, 4 Kästen, 2 Sprungkästen, 1 Barren, Gymnastikmatten), 1–2 rote Tücher, 1–2 Trillerpfeifen

Spielvorbereitung:
Es werden zwei Wanderwege parallel zueinander in dieser Reihenfolge aufgebaut: ein Schwebebalken oder eine Langbank (wird auf die Sitzfläche umgedreht), zwei Reifen, zwei Kästen, ein Sprungkasten, eine Langbank, ein Barren (kommt in die Mitte, da er zu beiden „Wanderwegen“ gehört), ein Reifen. (Alternativ: dicke Seile, Kissen, stabile Tische, umgedrehte Bausteinkisten, aufeinandergestapelte Matten ...)

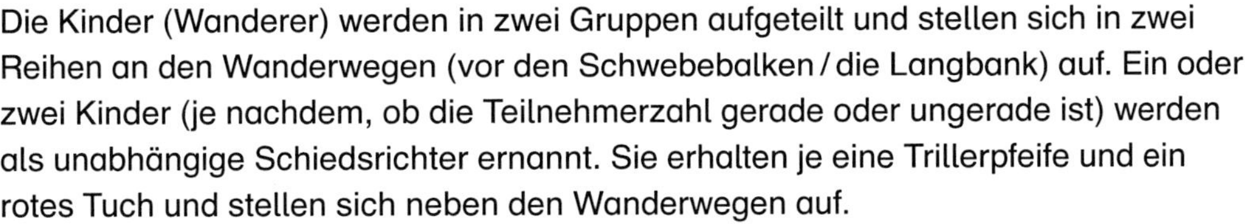

Die Kinder (Wanderer) werden in zwei Gruppen aufgeteilt und stellen sich in zwei Reihen an den Wanderwegen (vor den Schwebebalken / die Langbank) auf. Ein oder zwei Kinder (je nachdem, ob die Teilnehmerzahl gerade oder ungerade ist) werden als unabhängige Schiedsrichter ernannt. Sie erhalten je eine Trillerpfeife und ein rotes Tuch und stellen sich neben den Wanderwegen auf.

Spielverlauf:
Auf „Los“ geht's los! Je ein Wanderer versucht, so schnell wie möglich den anspruchsvollen Weg zu bewältigen: Erst wird über einen Baumstamm balanciert (Schwebebalken / die Langbank), dann in die beiden Pfützen hineingesprungen (Reifen), über Steine geklettert (Kästen), einen Hügel hochgekraxelt (Sprungkasten), unter Gestrüpp durchgekrochen (Langbank), sich an Geäst entlanggehangelt (Barren) und zum Schluss um den Schlammgraben (Reifen) herumgelaufen. Wieder bei der „Wandergruppe“ angekommen, klatscht das Kind den Nachfolger ab, der sich sogleich auf den Weg macht usw. Will ein Wanderer auf seiner Route mogeln, pfeift der zuständige Schiedsrichter in die Trillerpfeife und hält das rote Tuch hoch. Der Wanderer muss dann sofort zurück an den Anfang und den Wanderweg von Neuem beginnen.

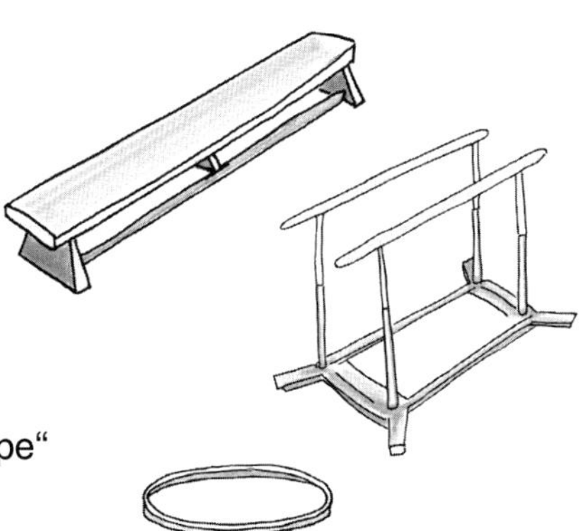

Spielende:
Die Wanderer welcher Gruppe haben zuerst den Abenteuertrail hinter sich gebracht?

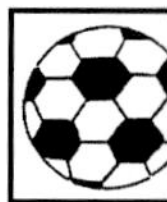

Wir tanzen Squaredance (USA) (ab 3 Jahren)

Material:

Musikanlage, Musikstück „Friendship Dance“ (s. CD-Tipp S. 9) oder andere Squaredance-Musik

Symbolschlüssel:

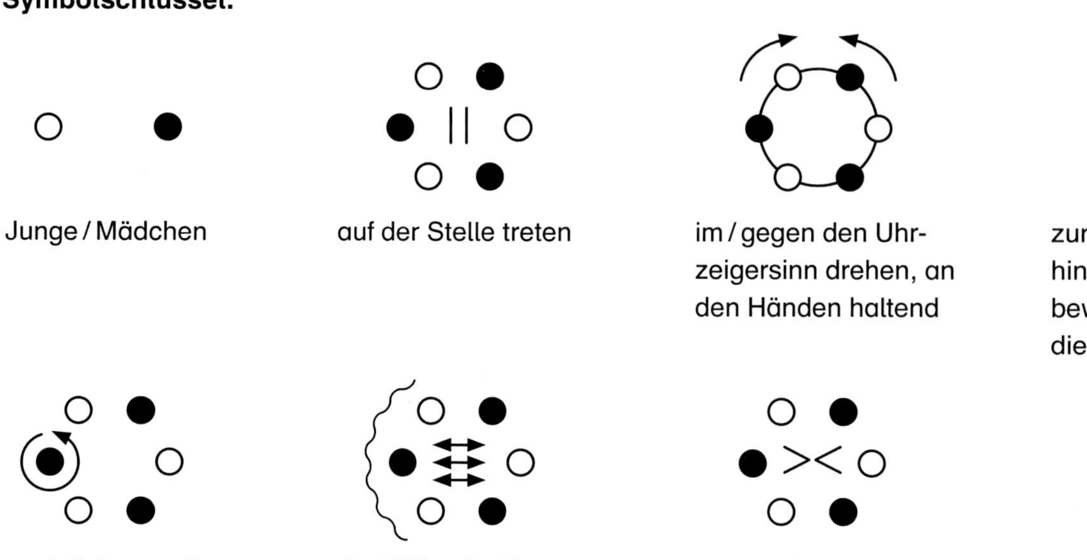

Junge / Mädchen

auf der Stelle treten

im / gegen den Uhrzeigersinn drehen, an den Händen haltend

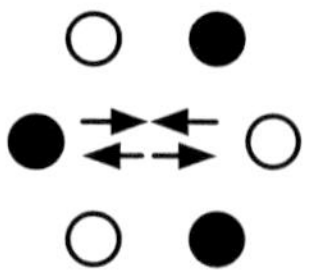

zur / von Kreismitte hinbewegen / wegbewegen, Hände in die Hüften

nach links um die eigene Achse drehen

die Hälfte der Tänzer geht auf die andere zu und wieder zurück

auf der Stelle stehenbleiben und klatschen

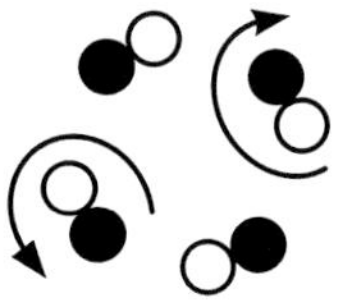

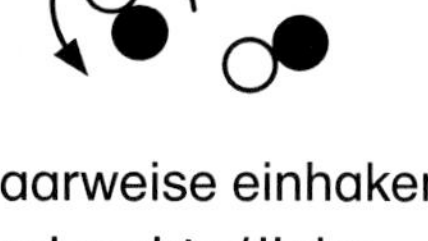

paarweise einhaken und rechts / links herum drehen

Tanz:

ZE = Zähleinheiten (4 Zähleinheiten entsprechen einem Takt), schn. = schneller Rhythmus

a) Aufstellung:

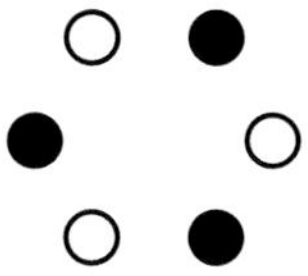

b) 8 ZE:

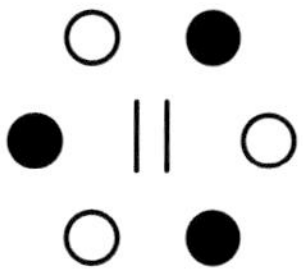

c) 16 ZE:

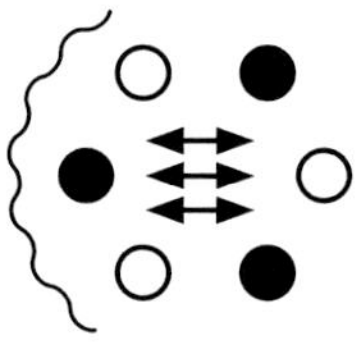

d) 16 ZE:

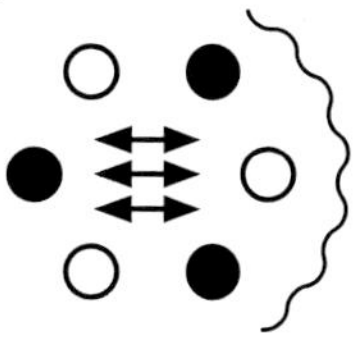

e) 8 ZE:

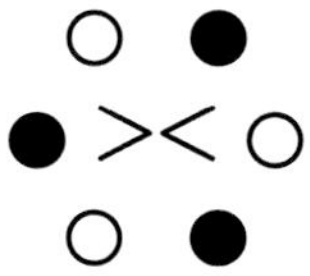

f) 16 ZE:

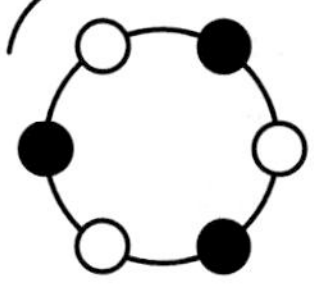

g) 16 ZE:

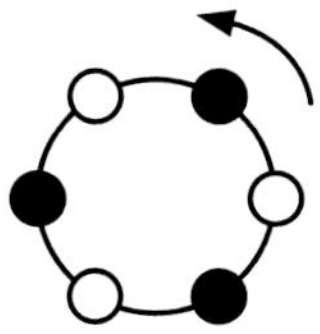

h) 16 ZE:

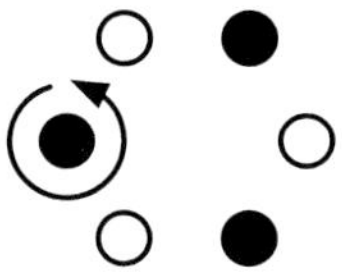

i) 16 ZE:

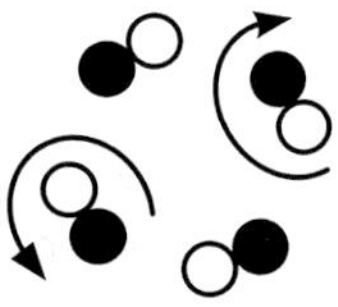

j) 32 ZE (schn.):

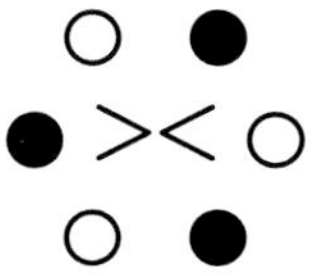

k) 32 ZE (schn.):

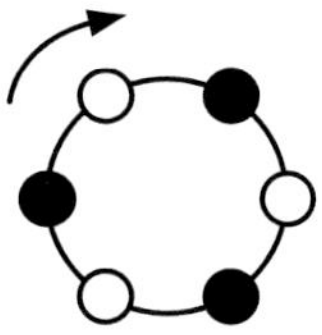

l) 8 ZE:

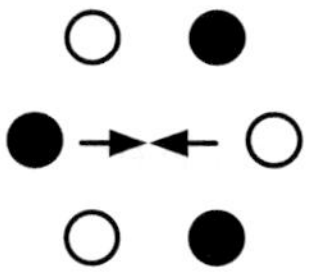

m) 8 ZE:

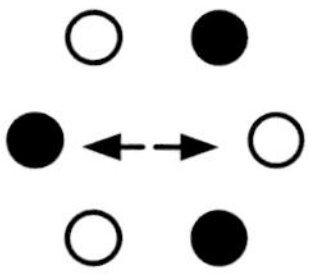

BVK • Maggie Jung: Kita aktiv „Projektmappe Reise um die Welt“

Der Wurm und das Huhn (Ghana) (ab 3 Jahren)

Spielidee:
Das Huhn ist heute besonders hungrig. Und was frisst es gern? Richtig! Würmer! Also aufgepasst! Doch wie lange benötigt das jeweilige Huhn, um den Wurm komplett zu vertilgen?

Material:
1 Stoppuhr

Spielverlauf:
Ein Kind wird als Huhn (oder Hahn) ausgewählt, alle anderen stellen sich in eine Reihe und fassen sich an den Schultern.
Während die Erzieherin (evtl. gemeinsam mit einem Kind, das nicht mitturnen kann) die Stoppuhr bedient, rennt der Wurm durch die Halle, und zwar ohne, dass sich die Kinder an den Schultern loslassen. Das Huhn versucht, das Wurmende (letztes Kind) zu erwischen und zu berühren (z. B. das Kind an der Schulter anfassen). Das Kind am Wurmende scheidet dann aus. Bricht der Wurm während des Laufens auseinander (werden also Schultern losgelassen), scheiden die betreffenden Kinder auf einmal aus.

Spielende:
Ist nur noch der Kopf des Wurms (anführendes Kind) übrig, ist der Durchgang zu Ende. Wie lange hat das Huhn gebraucht, den Wurm zu vertilgen? Ob das nächste Huhn schneller ist? Beim zweiten Durchgang darf das Kind, das zuvor das Wurmende war, Huhn sein usw.

Die Orangen fliegen im Kreis (Indien) (ab 3 Jahren)

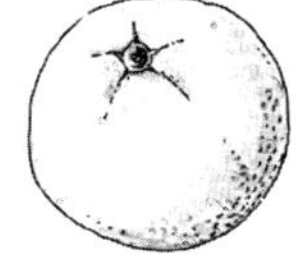

Spielidee:
In Indien fliegen bei diesem Spiel zwei Orangen im Kreis – und zwar von Kind zu Kind. Selbstverständlich fliegen aber in der Kita nicht die Lebensmittel, sondern Bälle.

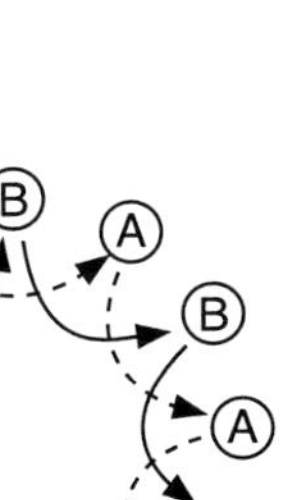

Material:
2 kleine Bälle (je nach Alter und Geschicklichkeit der Kinder auch Soft-Bälle) in unterschiedlichen Farben, Schärpen in zwei verschiedenen Farben (wenn möglich in den Ballfarben), evtl. 1 Stoppuhr

Spielverlauf:
Die Kinder (gerade Anzahl) stellen sich in einen Kreis. Die Schärpen werden abwechselnd in den zwei Farben verteilt und umgehängt. Die Kinder mit den gleichen Schärpenfarben gehören als Mannschaften (in der Abbildung gekennzeichnet mit A und B) zusammen.
Auf „Los“ beginnen das erste Kind der Mannschaft A und das erste Kind der Mannschaft B und werfen dem jeweils übernächsten Kind links von ihnen (also dem nächsten Kind der Mannschaft A bzw. der Mannschaft B) den Ball zu. Dieses wirft den Ball wieder weiter an das nächste Kind seiner Mannschaft links von sich usw. (s. Abb.). Wird ein Ball von einem Kind nicht gefangen, setzt sich dieses hin und scheidet aus. Das „Orangen-Werfen“ geht unter den übrigen Kindern weiter.

Spielende:
Die Spielrunde ist beendet, wenn von einer Mannschaft nur noch ein Kind übrig ist. Alternativ: Das Spiel ist zu Ende, wenn die vorher vereinbarte Zeit verstrichen ist. Von welcher Mannschaft sind noch die meisten Kinder im Spiel?

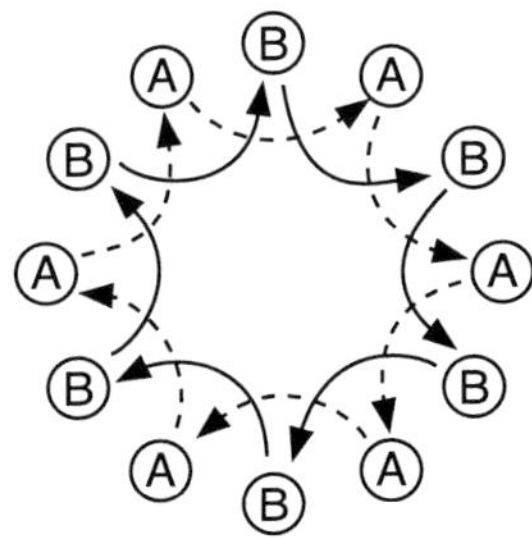

Tanzt du Samba mit mir? (Brasilien) **(ab 3 Jahren)**

Spielidee:
Na so was! Bei diesem traditionellen Tanz aus Brasilien werden die Pärchen immer wieder gestört.

Material:
CD-Player, Sambamusik (s. CD-Tipp S. 9)

Spielverlauf:
Für das Spiel ist eine ungerade Teilnehmerzahl notwendig. Ein Kind wird als Ansager auserkoren, alle übrigen finden sich paarweise zusammen und verteilen sich im Raum. Gegebenenfalls macht die Erzieherin mit.
Der Ansager stellt die Sambamusik an und alle tanzen paarweise (ggf. im Takt zur Musik – die Erzieherin ahmt „Sambabewegungen“ nach). Nach einigen Sekunden stoppt er die Musik und ruft eine Aufgabe in den Raum hinein, zum Beispiel: „Alle Mädchen mit braunen Haaren hüpfen wie Frösche!“ Die entsprechenden Kinder müssen sich von ihren Tanzpartnern lösen und sich wie ein Frosch hüpfend schnell einen neuen Tanzpartner suchen. Als neue Tanzpartner kommen jedoch nur die Kinder in Frage, die nicht von der Aufgabe betroffen sind. Wenn sich der Ansager ebenfalls wie ein Frosch hüpfend einen Partner sucht, bleibt wahrscheinlich ein anderes Kind übrig. Nun muss dieses die Musik an- und ausstellen und sich für die Tänzer eine neue Aufgabe überlegen, zum Beispiel: „Alle Kinder mit einem blauen T-Shirt drehen sich um die eigene Achse!“, „Alle, die weiße Turnschuhe tragen, gehen rückwärts!“, „Wer kurze Haare hat, springt, so hoch er kann!“

Spielende:
Dann, wenn alle genug getanzt haben.

Auf die Plätze – fertig – verreisen! **(ab 3 Jahren)**

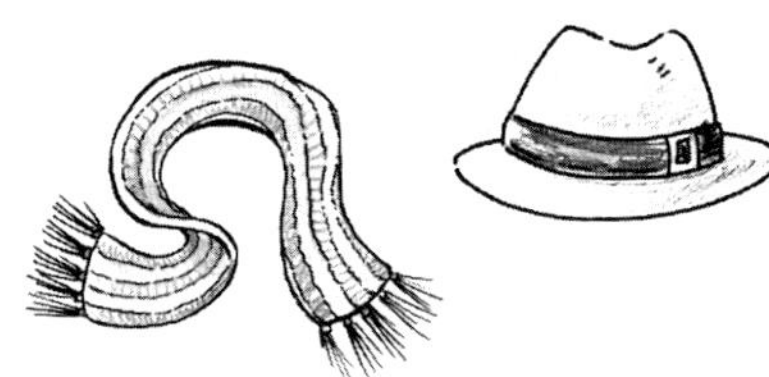

Spielidee:
Schnell noch etwas überziehen – und nix wie weg!

Material:
alte (Ver-)Kleidungsstücke: 2 Hüte, 2 Jacken, 2 Schals, 2 Röcke oder weite Hosen, 2 Koffer (oder Rucksäcke / Taschen), 2 Kästen, evtl. mehrere Kegel oder andere Hindernisse

Spielvorbereitung:
Gibt es in der Kita keine Verkleidungskiste, können die Kinder vielleicht zu Hause oder bei den Großeltern nach ausgedienten Kleidungsstücken fragen, die sie mitbringen dürfen.
Die Kinder werden in zwei Reisegesellschaften aufgeteilt und stellen sich in einer Reihe hintereinander auf. Gibt es eine ungerade Teilnehmerzahl, spielt ein Kind den Schiedsrichter. Die Kleidungsstücke werden gerecht aufgeteilt und jeweils vor dem ersten Kind der Mannschaftsreihe auf dem Fußboden abgelegt, ebenso die beiden Koffer. Eventuell muss vorher ausprobiert werden, ob die Röcke / Hosen rutschen und die Kinder beim Laufen behindern oder gar zu Fall bringen können. Die zwei Kästen werden an der anderen Raumseite platziert, gegenüber von den Mannschaften.

Spielverlauf:
Auf ein Startsignal beginnen die ersten Kinder der Mannschaften und ziehen sich so schnell wie möglich an. Dann nehmen sie den Koffer in die Hand und laufen bis zu dem Kasten, setzen sich kurz darauf und rennen wieder zurück zur Mannschaft. Dort ziehen sie sich wieder aus und übergeben ihrem Nachfolger die Kleidung und den Koffer. Welche Reisegesellschaft ist am schnellsten wieder zurück?

BVK • Maggie Jung: Kita aktiv „Projektmappe Reise um die Welt“

Pedro und die köstliche, gelbe Frucht (ab 5 Jahren)

Hallo, mein Name ist Pedro. Ich lebe in Südamerika, genau genommen in einem kleinen Dorf in Brasilien. Dort sprechen wir portugiesisch. Aber ein lieber Freund hat das, was ich euch nun erzählen möchte, in eure Sprache übersetzt. Denn was ich euch sagen möchte, ist sehr wichtig. Hört mir bitte einmal gut zu!

Ich komme aus einer armen Bauernfamilie. Schon seit vielen Jahren bauen wir köstliche, gelbe Früchte an und verkaufen sie auch. Ihr wisst bestimmt, wovon ich rede: Ja, richtig! Von Bananen. Magst du sie gern?
Aber bestimmt weißt du nicht, wie hart und gemein die Arbeit auf der Bananenplantage für meinen Vater, meine Mutter, meinen Bruder Ricardo und mich ist. Jeden Abend haben wir Rückenschmerzen und fallen vor Übermüdung schmutzig auf unsere Betten. Außerdem ist die Arbeit ganz schön gefährlich. Denn damit sich keine Schädlinge an den Bananen zu schaffen machen, müssen wir Gift auf die Früchte sprühen. Mir wird jetzt schon ganz übel, wenn ich nur daran denke. Weil wir dieses giftige Zeug dabei einatmen, werden wir irgendwann ganz schlimm krank davon, sagt Papa. Jetzt fragt ihr euch bestimmt, warum wir das Gift nicht einfach weglassen. Ganz einfach: Weil wir dann weniger Bananen hätten, die wir verkaufen könnten und somit auch weniger Geld. Dabei bekommen wir von dem Plantagenbesitzer, Papas Chef, sowieso nur so wenig Geld für unsere Arbeit, dass wir uns kaum Lebensmittel und Medizin leisten können. Das ist nicht fair!

Letzte Woche aber hatte mein Vater eine mutige Idee: Er hat andere Bauernfamilien aus unserem Ort zusammengetrommelt, und dann haben wir gestreikt. Ihr wisst nicht, was das ist? Ich sag's euch: Wir haben einfach nicht unsere Arbeit gemacht, sind erst gar nicht zur Plantage gegangen. Stattdessen sind wir durch das Dorf gezogen und haben immer wieder laut gerufen: „Wir kriegen zu wenig Geld!“ und „Unsere Arbeit ist zu gefährlich!“ So ging das einige Tage lang ...

Erst hat sich Papas Chef fürchterlich darüber aufgeregt. Aber dann hat auch er nachgedacht und es hat sich etwas geändert: Er hat sich nämlich einem Verband angeschlossen, der dafür sorgt, dass unsere Bananen nur noch an die Händler geliefert werden, die einen guten Preis dafür bezahlen.
Also bekommen auch wir Arbeiter demnächst mehr Geld. Das ist endlich mal fair! Außerdem haben uns die Leute vom Verband gezeigt, wie wir Bananen anbauen können, ohne Gift zu sprühen. Bald wird es uns also viel besser gehen, wir werden nicht mehr so oft krank und können wieder froh sein.
Wenn auch du uns helfen möchtest, kannst du Bananen, viele andere Lebensmittel, Teppiche und Blumen von Händlern kaufen, die uns Bauern unterstützen. Diese Händler kannst du an bestimmten Zeichen erkennen:

WELTLADEN

Fair gehandelt! **(ab 5 Jahren)**

Lerne die Logos der fairen Händler kennen.

Male sie in den richtigen Farben an!

Schriftinnenteile und Hintergrund = 4
Schriftzug *gebana* = 2

Schriftinnenteile und Hintergrund = 3
Schriftzug *gebana* = 4

1 = dunkelgrau
2 = weiß
3 = gold
4 = schwarz
5 = dunkelbraun

Wir spielen Theater – Pedros Geschichte (1) (ab 5 Jahren)

Erzähle meine Geschichte doch auch deiner Familie, deinen Verwandten und deinen Freunden. Du kannst dazu mit anderen Kindern ein kleines Tischtheater mit Stabpuppen aufführen. Viel Spaß dabei!

Material zur Herstellung der Theaterkulisse:
weißer Tonkarton (Länge etwas kürzer als der Tisch, auf dem gespielt wird, Breite: ca. 50 cm) oder alternativ: zusammengeklebte Tapetenbahnen oder Kalenderblätter, Bleistifte, kräftige Farben (z. B. gut deckende Wasserfarben, Acryl- oder Abtönfarben), verschiedene Borstenpinsel, gegebenenfalls Wasser- und Farbtöpfchen, Lappen (für die Hände)

Arbeitsanleitung:
Gemeinsam wird die Kulisse entworfen und mit Bleistift werden Skizzen vorgezeichnet. Das kann in etwa so aussehen:

Anschließend malen die Kinder das Hintergrundbild für das Theater mit kräftigen Farben an.

Material zur Herstellung der Stabpuppen (Pedro, Ricardo, Vater, Mutter, Plantagenbesitzer José, Bauer, Bauersfrau, Mädchen, Mann und Frau vom Bauernverband):
Kopiervorlage „Hüte" (s. S. 84), 4 lange, 3 mittellange und 3 kurze Holzkochlöffel, Filzmarker in Schwarz und Rot, Scheren, Wollreste in Braun, Beige und Schwarz, Moosgummireste, bunte Stoffreste, 24 kleine Gummis (plus zusätzlich Ersatzvorrat), Kreppbandreste, Bastelkleber, 1 Lineal

Arbeitsanleitung:
Alle vier Männer werden aus den langen Kochlöffeln gebastelt, die drei Frauen aus den mittellangen und die drei Kinder aus den kurzen:

1. Mit den Filzmarkern malt man auf die verschiedenen Kochlöffel Augen, Nase und Mund. Je nach Figur sind die Gesichter unterschiedlich. So schaut der Plantagenbesitzer beispielsweise grimmig, die Bauern traurig usw.
2. Aus Wollresten schneidet man je nach Figur kurze oder lange Fadenstücke und klebt sie mit Bastelkleber als Haare an die Kochlöffel. Eventuell kann die Erzieherin auch beim Flechten von Zöpfen helfen.
3. Mit Hilfe der ausgeschnittenen Hutvorlagen zeichnet man die Hüte auf Moosgummi, schneidet sie aus und klebt sie den männlichen Figuren auf den Kopf bzw. an die Hinterseite der Löffelschalen.

Wir spielen Theater – Pedros Geschichte (2) (ab 5 Jahren)

4. Die drei Frauen und das Mädchen erhalten Kopftücher. Dazu schneidet man aus Stoffresten drei Quadrate mit den Maßen 20 x 20 cm und ein Quadrat mit den Maßen 15 x 15 cm aus. Die Quadrate werden halbiert und an den Kopfoberseiten / oberen Rändern der Löffelschalen mit Kleber befestigt. Die seitlichen Dreieckenden werden jeweils am Hinterkopf zusammengeführt – wie bei einem Kopftuch – und mit einem Gummi fixiert.
5. Für die Jacken und Kleider der Figuren schneidet man aus den Stoffresten Stücke mit den Maßen 15 x 20 cm (Männer), 15 x 18 cm (Frauen) und 15 x 15 cm (Kinder). Diese werden so um die Kochlöffel gewickelt, dass man sie an der Stoffoberkante etwa 1 cm unterhalb der Köpfe festkleben kann.
6. Nun erhalten die Stabpuppen Arme: Dazu schneidet man aus den gleichen Stoffresten Stücke mit den Maßen 8 x 20 cm (Männer), 8 x 18 cm (Frauen), 8 x 15 cm (Kinder). Jedes Rechteck wird zusammengerollt. An beiden Enden einer solchen Stoffrolle bindet man anschließend ca. 1 cm mit Gummis ab. So entstehen die Hände.
7. Die fertigen Arme und Hände werden jeweils quer zum Kochlöffelstiel – also unterhalb des Kopfes – mit Kreppband festgebunden.

Abb. 1 (Arme mit Händen)

Abb. 2 (Anknoten der Arme)

Material für Bühne und Requisiten:
Theaterkulisse (s. S. 81),1 Tisch, 1 Tuch (Länge: zwei Mal die Breite plus ein Mal die Länge des Tisches, Breite: wie Tischhöhe), Tischdeckenklammern, Kartenständer oder Reißbrettstifte, 9 Papierbögen in Grüntönen (DIN A4), Klebefilm, Schere, Bananen (natürlich fair gehandelte!)

Arbeitsanleitung:
1. Bühne: Das Tuch wird rund um die Tischkanten – bis auf eine Längsseite – mit den Tischdeckenklammern befestigt. So sind die Stabpuppenspieler später nicht zu sehen.
2. Das Plakat für die Bühnenkulisse wird entweder in einen Kartenständer gehängt oder aber – falls die Bühne unmittelbar vor einer Wand steht – mit Reißbrettstiften an der Wand angebracht. In beiden Fällen muss die Unterseite des Plakates mit der Tischoberfläche abschneiden.
3. Jeweils drei Papierbögen werden aufeinandergelegt, der Längsseite nach zusammengerollt und die Kanten mit Klebefilm fixiert.
4. Auf der einen Seite der dreifachen Papierrolle nimmt man rundherum ca. 15 cm lange Einschnitte vor (im Abstand von etwa 0,5 cm bis 1 cm) und biegt die so entstandenen Palmenblätter leicht nach unten.
5. Am unteren Ende macht man drei Schnitte von ca. 2 cm in die Papierrolle und erhält somit Standfüße, an denen die Palme mit Klebefilm auf der Tischplatte fixiert wird. (Bitte die Palmen nur an den seitlichen Tischrändern anbringen).
6. Ist die Bühne erst einmal mit den Palmen geschmückt, legt man als Dekoration noch echte Bananen darunter.

Die Stabpuppen-Spieltechnik:
Die Stabpuppen werden so an den Kochlöffel-Stielen gehalten, dass die Hand vom Kleid / der Jacke der Figur verdeckt wird. Außerdem sollten die Kinder darauf achten, dass die Unterkanten der Figurenkleider / -jacken sozusagen an der Tischkante aufliegen, damit die Stiele nicht zu sehen sind. Schöner ist es, wenn die Figuren während des Spiels dem Publikum zugewandt sind, da sie ja kaum Profil haben.

Das Theaterstück:
Es machen mit: 1 Erzähler, 10 Stabpuppenspieler, 4 – 6 Bühnengehilfen hinter der Bühne (für die Szenen 6, 7 und 8). Es werden außerdem benötigt: 2 – 3 Handtrommeln, 2 – 3 Rasseln (und / oder andere Rhythmikinstrumente).

Selbstverständlich kann das Theaterstück noch erweitert oder verändert werden. Vielleicht haben die Kinder ja selbst eigene Ideen, wie sie Pedros Geschichte erzählen möchten?

Wir spielen Theater – Pedros Geschichte (3) (ab 5 Jahren)

Einführung / Ansage	*Erzähler stellt sich neben die Bühne.* *Nach und nach tauchen alle Figuren auf.*	„Wir spielen euch nun die Geschichte von Pedro vor. Pedro und seine Familie sind arme Bauern, die in einem kleinen Ort in Brasilien auf einer Bananenplantage arbeiten. Aber erst lernt ihr alle Personen kennen: Das ist Pedro. Hier kommt sein Vater. Dies ist seine Mutter und das sein Bruder."
Szene 1	*Pedro, Ricardo, Vater, Mutter stehen inmitten der Plantage, recken und bücken sich immer wieder (Figuren mal höher und tiefer heben).*	Vater: „Ist das eine Schufterei!" Pedro: „Ja, Papa, ich kann nicht mehr." Ricardo (weint): „Ich bin so müde. Können wir nicht Schluss machen für heute?" Mutter: „Das geht leider nicht. Wir haben noch viel Arbeit."
Szene 2	*Pedro, Ricardo, Vater, Mutter laufen emsig zwischen den Bananenstauden hin und her. Pedro versprüht Insektizide (zischendes Geräusch machen).*	Pedro (hustet): „Ich bekomme fast keine Luft mehr!" Mutter: „Mein armer Pedro. Du wirst ja ganz krank. Hier, trink schnell einen Schluck Wasser." Ricardo: „Und ich? Ich habe auch Durst." Mutter: „Tut mir leid. Das war alles, was wir noch an Wasser hatten."
Szene 3	*Der Plantagenbesitzer José taucht auf.*	José: „Was sitzt ihr denn hier so faul rum? Für die paar Bananen, die ihr geerntet habt, kann ich euch heute nicht so viel Geld bezahlen." Vater: „Und wovon sollen wir Essen kaufen?" Plantagenbesitzer: „Nicht mein Problem! Ich muss auch zusehen, wo ich bleibe!"
Szene 4	*José ist wieder weg. Pedro und seine Familie machen sich auf den Weg nach Hause.*	Vater: „Ich habe die Nase voll! Es muss etwas geschehen." Mutter: „Du hast recht. So kann es nicht mehr weitergehen." Pedro: „Wir schuften uns fast zu Tode." Ricardo: „Und werden doch nicht satt."
Szene 5	*Die Familie sitzt in ihrer Hütte beisammen. Während alle überlegen, was sie tun können, hat der Vater plötzlich eine Idee.* *(Alle Figuren tauchen ab.)*	Vater (ruft laut): „Ich hab's! Ich weiß, was wir tun können." Pedro: „Was denn? Sag schon!" Vater (flüstert): nur Flüstergeräusch machen Ricardo: „Ich geh los und sag unseren Nachbarn Bescheid. Morgen also!" Vater, Mutter und Pedro: „Ja, morgen!"
Zwischenansage	*Erzähler (hat bisher neben der Bühne gesessen) steht auf.*	„Am nächsten Morgen."

Wir spielen Theater – Pedros Geschichte (4) (ab 5 Jahren)

Szene 6	*Pedro, seine Familie und eine befreundete Bauernfamilie (Vater, Mutter, Tochter) gehen langsam vom Dorf zur Plantage. Sie machen Krach. (Die Bühnengehilfen setzen Trommeln und Rasseln ein.)*	Die Männer: „Genug ist genug! So machen wir nicht weiter!" Die Frauen: „Wir kriegen zu wenig Geld! Die Arbeit ist gefährlich!" Kinder: „Wir haben Hunger! Wir haben Durst!"
Szene 7	*José taucht auf. Die Trommeln und Rasseln sind still. –* *Erneut Trommeln und Rasseln (Bühnengehilfen)!* *Dann ziehen die Bauern nach Hause. José bleibt allein zurück.*	José: „Was ist hier los? Was soll das?!" Die Bauern wiederholen sich (Szene 6).
Zwischenansage	*Erzähler steht auf.*	„Viele Tage später."
Szene 8 / Finale	*José und alle Bauern haben sich vor der Plantage versammelt. Eine Frau und ein Mann vom Bauernverband tauchen auf.* *(Bühnengehilfen klatschen und jubeln.)*	José: „Ich habe mich einem Bauernverband angeschlossen." Frau vom Bauernverband: „Wir zeigen euch, wie ihr ohne Insektengift Bananen anbauen könnt." Mann vom Bauernverband: „Und wir sorgen dafür, dass nur faire Händler eure Bananen kaufen." Vater: „Wir bekommen also auch mehr Lohn für unsere Arbeit." Pedro: „Dann geht es uns Bauern bald besser." Alle jubeln.
Schlussansage	*Erzähler steht auf.* *Erzähler verteilt Bananen (Bühnendeko) im Publikum.*	„Das war die Geschichte von Pedro und seiner Familie. Wenn ihr auch die Bananenbauern unterstützen möchtet, dann achtet darauf, dass ihr nur noch fair gehandelte Bananen kauft."

Kopiervorlage „Hüte"

(Bitte ggf. hochkopieren.)

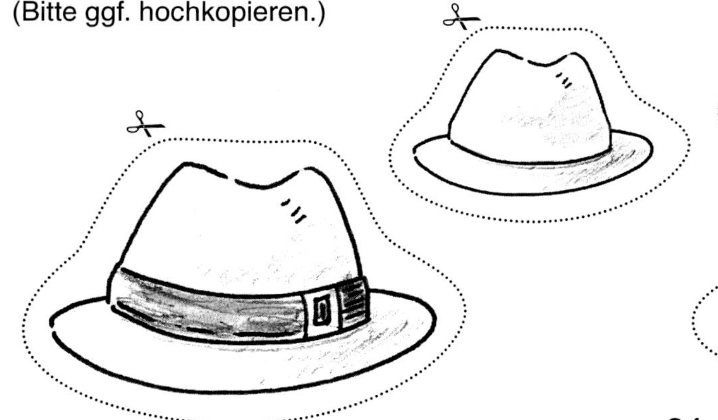